2023—2024 年中国工业和信息化发展系列蓝皮书

# 2023—2024 年
# 中国未来产业发展蓝皮书

中国电子信息产业发展研究院 编 著

乔 标 主 编

蒲松涛 钟新龙 副主编

电子工業出版社

**Publishing House of Electronics Industry**

北京·**BEIJING**

# 内 容 简 介

本书在总结全球及中国未来产业发展基本情况的基础上，从政策环境、行业发展、重点区域、特色园区、企业运营、学院动态、前沿机构等多个维度对中国未来产业发展进行总结和剖析，并对 2024 年中国未来产业发展趋势进行展望。全书分为综合篇、政策篇、热点篇、通用人工智能篇、量子计算篇、6G 篇、人形机器人篇、生物制造篇、商业航天篇、低空经济篇、区域篇、园区篇和展望篇 13 个部分。

本书尝试明晰全球未来产业发展的模式和路径，研判中国未来产业发展的核心脉络，以期对国家和地方行业管理部门起到决策支撑作用，为未来产业发展和选择提供重要参考。

**图书在版编目（CIP）数据**

2023—2024 年中国未来产业发展蓝皮书 / 中国电子信息产业发展研究院编著；乔标主编. -- 北京 ：电子工业出版社，2024. 12. --（2023—2024 年中国工业和信息化发展系列蓝皮书）. -- ISBN 978-7-121-49406-2

Ⅰ. F269.2

中国国家版本馆 CIP 数据核字第 2024KB3560 号

责任编辑：刘家彤　　文字编辑：张　彬
印　　　刷：中煤（北京）印务有限公司
装　　　订：中煤（北京）印务有限公司
出版发行：电子工业出版社
　　　　　北京市海淀区万寿路 173 信箱　　邮编 100036
开　　本：720×1 000　1/16　印张：14.25　字数：320 千字　彩插：1
版　　次：2024 年 12 月第 1 版
印　　次：2024 年 12 月第 1 次印刷
定　　价：218.00 元

凡所购买电子工业出版社图书有缺损问题，请向购买书店调换。若书店售缺，请与本社发行部联系，联系及邮购电话：（010）88254888，88258888。

质量投诉请发邮件至 zlts@phei.com.cn，盗版侵权举报请发邮件至 dbqq@phei.com.cn。

本书咨询联系方式：liujt@phei.com.cn，（010）88254504。

# 前 言

　　党中央、国务院高度重视未来产业发展。2023 年 9 月，习近平总书记在黑龙江考察时指出，"积极培育新能源、新材料、先进制造、电子信息等战略性新兴产业，积极培育未来产业，加快形成新质生产力，增强发展新动能"。2023 年中央经济工作会议指出，"要以科技创新推动产业创新，特别是以颠覆性技术和前沿技术催生新产业、新模式、新动能，发展新质生产力"。2024 年 1 月，习近平总书记在中共中央政治局第十一次集体学习时强调，"要及时将科技创新成果应用到具体产业和产业链上，改造提升传统产业，培育壮大新兴产业，布局建设未来产业，完善现代化产业体系"。2024 年 4 月，习近平总书记在新时代推动西部大开发座谈会上指出，要因地制宜发展新质生产力，探索发展现代制造业和战略性新兴产业，布局建设未来产业，形成地区发展新动能。2024 年 6 月，在夏季达沃斯论坛上，与会嘉宾指出，未来产业将是全球经济增长的活跃力量，以人工智能（AI）、生物技术、绿色能源等为代表的技术突破，将创造具有高成长性的新赛道、新业态。《中华人民共和国国民经济和社会发展第十四个五年规划和 2035 年远景目标纲要》（简称《"十四五"规划和 2035 年远景目标纲要》）明确提出要谋划布局一批未来产业。这些都为中国培育发展未来产业指明了方向。

　　未来产业由前沿技术驱动，当前处于孕育、萌发阶段或产业化初期，是具有显著战略性、引领性、颠覆性和不确定性的前瞻性新兴产业。大力发展未来产业，是引领科技进步、带动产业升级、培育新质生产力的战略选择。当前，新一轮科技革命和产业变革加速演进，伴随重大前沿技术、颠覆性技术持续涌现，科技创新和产业创新融合不断加深，催生出通用人工智能、元宇宙、人形机器人、脑机接口、量子计算、低空经济等新方向。未来产业的孕育发展，已成为引领科技进步、带动产业升级、开辟新赛道、塑造新质生产力、建设现代化产业体系的战略选择。

当前，新一轮科技革命和产业变革正在全球范围内加速演进，发达国家纷纷把握先机，对未来制造、未来信息、未来能源等领域进行深度布局。这些未来产业的崛起和发展，已然成为衡量一个国家科技创新实力和综合竞争力的关键指标。业界普遍认为，布局未来产业是中国实现创新驱动和经济内生增长的重要驱动力，也是现有产业跃升和前沿技术产业落地的重要途径。

为跟踪把握未来产业的发展动向，研判未来产业发展重点和前沿趋势，中国电子信息产业发展研究院组织编撰了本书。本书在总结全球及中国未来产业发展基本情况的基础上，从政策环境、行业发展、重点区域、特色园区、企业运营、高校动态、前沿机构等多个维度对中国未来产业发展进行总结和剖析，并对 2024 年中国未来产业发展趋势进行展望。全书分为综合篇、政策篇、热点篇、通用人工智能篇、量子计算篇、6G 篇、人形机器人篇、生物制造篇、商业航天篇、低空经济篇、区域篇、园区篇和展望篇 13 个部分。

综合篇，全面分析了未来产业的内涵、特征及与新质生产力的关系，为理解未来产业提供宏观视角。

政策篇，深入剖析了中国未来产业的政策环境，重点解析了国家层面的政策文件，展现了政策对产业发展的引导和支持作用。

热点篇，聚焦未来产业的九大热点事件，通过事件回顾和评析，揭示了产业发展的动态趋势和技术创新的前沿方向。

通用人工智能篇，深入探讨了通用人工智能的发展情况、特点及重点企业、学院和机构，展望了该领域的未来发展趋势。

量子计算篇，概述了量子计算领域的进展，包括发展情况、特点及重点企业、学院和机构的动态。

6G篇，分析了6G技术的发展情况、特点及重点企业、学院和机构，展望了6G技术对未来通信产业的深远影响。

人形机器人篇，详细介绍了人形机器人产业的发展情况、特点及重点企业、学院和机构，展示了该领域的创新成就。

生物制造篇，阐述了生物制造产业的发展情况、特点及重点企业、学院和机构，强调了生物制造在推动产业升级中的关键作用。

商业航天篇，探讨了商业航天产业的发展情况、特点及重点企业、学院和机构，分析了商业航天对国家科技创新和经济发展的贡献。

低空经济篇，概述了低空经济的发展情况、特点及重点企业、学院和机构，展示了低空经济在促进产业创新和区域发展中的潜力。

区域篇，针对京津冀、长三角等重点区域进行了深入分析，揭示了各区域未来产业的整体发展情况、特点及重点城市的产业布局。

园区篇，选取了中关村国家自主创新示范区等代表性园区，分析了园区概况和重点产业布局，体现了园区在推动产业创新中的核心作用。

展望篇，在对主要研究机构的预测性观点进行综述的基础上，展望中国未来产业整体发展趋势及部分重点行业发展趋势。

中国电子信息产业发展研究院聚焦信息领域未来产业的相关研究，从未来产业创新与竞争态势、国内外未来产业发展情况梳理和总结切入，着重研究国内外未来产业的发展动态和趋势，持续强化对政府机构的智力支撑，着力提升对区域、园区、企业和研发机构等未来产业发展核心要素的服务能力。希望通过我们的不懈努力，明晰全球未来产业发展的模式和路径，研判中国未来产业发展的核心脉络，以期对国家和地方行业管理部门起到决策支撑作用，为未来产业发展和选择提供重要参考。

中国电子信息产业发展研究院

# 目 录

## 综 合 篇

# 政　策　篇

# 热　点　篇

# 通用人工智能篇

# 商业航天篇

# 低空经济篇

# 区　域　篇

# 园　区　篇

# 展　望　篇

综 合 篇

第一章

# 未来产业总体概述

## 第一节 未来产业的内涵

从国际来看，"未来产业"这一概念最初提出于 2019 年。美国白宫科技政策办公室（OSTP）发布的《美国将主导未来产业》明确指出了有望在未来推动美国繁荣并有益于国家安全的新兴关键科技。该文详细阐述了美国对于未来产业的战略布局，强调了美国在全球科技和产业竞争中保持领导地位的重要性，旨在推动美国在未来关键技术领域的创新和发展。

美国和欧洲关于未来产业内涵的认识不断演进。在《美国将主导未来产业》中，美国明确了人工智能、先进制造、量子信息科学、5G 四大技术方向。同年 11 月，欧盟委员会发布《加强面向未来欧盟产业战略价值链报告》，明确了六大关键领域作为未来产业发展方向：互联、清洁和自动驾驶车辆，氢技术和系统，智慧健康，工业物联网，低碳产业，网络安全；并在 2020—2021 年通过一系列法案和计划，布局欧洲工业发展的未来愿景，以寻求在全球工业发展中再次占据主导地位。2020 年，美国陆续发布了《2020 年未来产业法案》、《关于加强美国未来产业领导地位的建议》和《2022 财年研发预算优先事项和全局行动备忘录》等一系列文件，将美国未来产业拓展至人工智能、量子信息科学、先进制造、生物技术、先进通信 5 个重点领域。同年 10 月，美国发布第一版《关键和新兴技术国家标准战略》，以保持美国全球领导力为目标，明确了 20 项关键和新兴技术清单，包括高级计算、人工智能、自主系统、量子信息科学等。2022 年和 2024 年，美国国家科学技术委员会（NSTC）对关键和新兴技术清单进行了两次修订和更新，先后删除了 2020 年清单中的数据科学和存储技术、先进传统武器技术、医学和公共健康技术、农业技术等，以及 2022 年清单中的先进核能技术、金融技术等，新增了定位、导航和授时（PNT）技术等。

从中国来看，自 2020 年 4 月习近平总书记在浙江考察时首次提出"未来产业"，国家层面和地方陆续出台未来产业的相关文件，使相关人员对于未来产业的内涵、特征和趋势有了更深刻的理解和认识。2021 年 3 月，中国在《"十四五"规划和 2035 年远景目标纲要》第九章第二节"前瞻谋划未来产业"中首次明确在类脑智能、量子信息、基因技术、未来网络、深海空天开发、氢能与储能等前沿科技和产业变革领域，组织实施未来产业孵化与加速计划，谋划布局一批未来产业。同年 12 月，科技部、教育部联合印发《关于依托国家大学科技园开展未来产业科技园建设试点工作的通知》，来自 8 个省、直辖市的 10 家未来产业科技园成为首批建设试点，但并未对未来产业的概念和内涵进行阐述。2024 年 1 月，工业和信息化部等七部门联合印发《关于推动未来产业创新发展的实施意见》，指出未来产业由前沿技术驱动，当前处于孕育萌发阶段或产业化初期，明确界定了未来产业概念，是具有显著战略性、引领性、颠覆性和不确定性的前瞻性新兴产业。

各地方对于未来产业的内涵的理解有所不同。2022 年年初，浙江省数字经济发展领导小组办公室印发《关于浙江省未来产业先导区建设的指导意见》，对未来产业的内涵及特征做出明确阐释：未来产业是由突破性和颠覆性的前沿技术所推动，在未来能发展成熟和产业转化，对经济社会发展具有重要支撑带动作用，但当前尚处于孕育孵化阶段的新兴产业。同年 6 月，深圳市科技创新委员会、深圳市发展和改革委员会及深圳市工业和信息化局发布《深圳市培育发展未来产业行动计划（2022—2025 年）》，指出未来产业是引领经济社会发展的变革性力量，确立了"产业梯次接续发展"的格局。

总体来看，未来产业在全球范围内尚未形成统一定义，但主要聚焦于前沿性、颠覆性、战略性的产业领域，正在成为衡量一个国家科技创

新和综合实力的重要标志性产业。

## 第二节　未来产业的特征

未来产业是前沿科技、颠覆性技术和新兴产业的深度融合，代表全球科技和产业发展的趋势及方向。其具备以下特征。

**显著战略性**。未来产业关乎产业结构优化和升级，事关产业发展和安全，一旦成型，可能会影响国家发展和安全，对国家竞争力有战略性作用。

**显著引领性**。未来产业不仅可能引领技术创新的发展方向，还将加速推动经济发展"新格局"的形成，全面引领全国乃至全球经济发展新方向、新路径。

**显著颠覆性**。一旦新的产品和服务业态形成，就可能出现新的发展赛道，发展成新的未来产业，颠覆原有的产业体系。例如从 20 年前来看，新能源汽车就是典型的未来产业，新能源汽车的出现，很快会颠覆原有的汽车产业体系。

**显著不确定性**。未来产业高度依赖颠覆性技术驱动，而技术本身又存在诸多风险，导致未来产业发展前景充满了不确定性，一旦技术创新遭遇瓶颈，未来产业可能难以获得实质性进展。

## 第三节　未来产业与新质生产力的关系

新质生产力的核心动力是科技创新，基本要求是围绕产业链部署创新链、围绕创新链布局产业链，实现产业链、创新链深度融合；长期目标是依托传统产业、优势产业、新兴产业和未来产业 4 类产业领域，构建现代化产业体系。业界普遍认为，新赛道才有新优势，新赛道才能构筑产业长期竞争力。作为 4 类产业领域之一的未来产业，代表着产业的发展方向，在新赛道进入大规模生产阶段时掌握主动和先机，能率先形成在关键核心领域的先发优势，进而构筑长期的全球领先优势。

新质生产力是相对于传统生产力而言的，不同于传统高耗能、高投入的生产力方式，具有颠覆性创新驱动、发展速度快、发展质量高等特点，通过技术融合创新促进劳动者和生产资料发生"质"的跃迁和变革。未来产业具有战略性、引领性、颠覆性等特征，与新质生产力的特征高度统一，是新质生产力的典型代表。二者具有以下共同特性。

**均高度依赖前沿技术创新**。新质生产力的本质是先进生产力，核心要素是科技创新，区别于传统生产力面临的关键核心技术"卡脖子"问题，是前沿新兴技术的不断突破和发展。未来产业主要以重大科学发现或重大技术突破为基础，依赖基础研究、原始创新和颠覆性创新，其技术性能更强、融合程度更深，代表全球科技和产业发展的趋势和方向。例如人工智能、脑机接口、合成生物等作为未来产业的代表，正在引领新一代信息技术、生命健康的革命性突破，逐渐成为新质生产力发展的动力源头。

**均强调开辟新领域、新赛道**。新质生产力与传统生产力的一个显著区别在于涉及领域新，更加重视科技创新、智能化、信息化等新兴领域的应用和发展。当前，第四次科技革命蓬勃兴起，以大数据、区块链和人工智能等为代表的新领域、新赛道，将为经济的持续增长提供强大动力。发展未来产业是促进现有产业转型升级的有效途径，开辟新领域、新赛道是实现这一转型的必由之路。面对市场竞争加剧、资源消耗大、环境污染严重等挑战，中国传统产业迫切需要找到新的增长点和突破口。例如，通过开发风能、太阳能、氢能等可再生能源，可以减少对化石燃料的依赖，降低能源消耗，促进经济的可持续增长；同时，新材料、生物技术、通用人工智能等在医疗健康、娱乐消费等领域的应用前景广阔，将为经济发展提供更大的增长空间。

**均着眼塑造发展新动能、新优势**。新质生产力的关键发展点在质优，其发展动力正从依赖传统支柱产业的持续扩张，转变为依赖新兴支柱产业的培育和成长。新兴技术在生产和流通过程中的持续融入与应用，正在带来更高的效率，推动各类优质生产要素以更高的效率流向重点领域，实现质的有效提升和量的合理增长，推动产业链和价值链向高端化迈进。未来产业将加速推动不同技术与不同产业在多个行业领域的融合创新，催生出一系列创新产品和商业模式，构建起跨界融合新范式，引领生产和生活方式的显著变革，为经济发展注入强劲的内在动力，并孕育出经济增长新动能。

均强调绿色低碳、高效持续发展。绿色发展是高质量发展的底色，新质生产力本身就是绿色生产力，需加快构建绿色低碳循环经济体系，推动绿色科技创新和先进绿色技术推广应用，加快发展方式绿色转型。未来产业也具备绿色低碳特征，强调依托新能源技术、绿色制造工艺及循环经济模式，提高资源利用效率，降低环境负荷，如依托氢能、新型储能、碳捕集利用等新型清洁能源技术，减少对化石能源的依赖，实现经济可持续发展。

第二章

# 国外重点国家和地区未来产业发展基本情况

未来产业已成为大国博弈新焦点，全球主要国家聚焦关键领域抢占竞争制高点。为了把握新一轮产业变革的时间窗口、培育产业发展的新生驱动力，全球主要发达国家和地区均在不断强化其科技战略规划和战略力量，旨在构建面向未来产业的科技领先优势。

## 第一节 美国：重点布局量子信息科学、人工智能等领域，打造未来绝对领先优势

**战略举措**。一是持续开展前沿技术遴选评估。2023 年 5 月，美国国家科学基金会（NSF）就制定技术研发投资路线图征求意见，将评估人工智能、半导体、量子信息科学、生物技术、先进制造等 10 个关键技术领域及社会、国家和地缘战略挑战领域，从而战略性地推进关键技术领域，应对社会和经济挑战，增强美国国家未来竞争力。2024 年 2 月，美国国家科学技术委员会更新了关键和新兴技术清单。更新后的清单共有包括先进计算、先进工程材料、人工智能、生物技术等在内的 18 项前沿技术。与 2022 年版本相比，删除了先进核能技术、金融技术、网络化传感器和感知技术等，该清单新增了数据隐私、数据安全和网络安全技术，以及定位、导航和授时（PNT）技术等，旨在保持关键领域的竞争优势。二是开展多元投资，强化企业主体地位。通过政府投资、社会资本投资等多元化的资金投入方式及多种不同的优惠政策，以企业

为主体开展未来技术创新与应用。例如，2023 年 5 月，美国国家科学基金会宣布提供 1.4 亿美元资金，启动 7 个新的国家人工智能研究所，推进人工智能研发，以推动气候、农业、能源、公共卫生、教育和网络安全等关键领域的突破。三是打造盟友圈，开展标准体系建设。美国积极与盟友构建技术联盟，在关键技术领域加强未来产业标准化建设，力图建立由美国及其盟友主导的未来产业标准体系。例如，2024 年 2 月，美国、英国、澳大利亚、加拿大等十国发表联合声明，就 6G 无线通信系统的研究和发展达成共同原则，将推进"符合共同原则的 6G 网络研发与标准化"，加快建立以美国为主导的 6G 生态圈。

布局赛道。美国未来产业主要涉及人工智能、量子信息科学、先进制造、生物技术、先进通信五大方向。在人工智能领域，美国重点布局人工智能未来算法、类脑智能、可信人工智能和自主系统，并将半导体视为其保持人工智能全球领先的关键。2023 年 7 月，美国更新《国家人工智能研究与发展战略计划》，计划长期投资基础和可信人工智能研究，包括联邦机器学习、数字孪生、可持续发展的人工智能系统，并发展有效的人—AI 协同（人—智协同）方法。随着人工智能的迅猛发展，微软、亚马逊、谷歌、英伟达等科技巨头均积极入局生成式人工智能，陆续推出 Claude、Llama、Gemini 等大模型。在量子信息科学领域，美国重点布局量子密码学、量子比特和纠缠门、量子算法和软件、量子计算机和原型机、量子密钥分发、量子中继器、新的计量制度或模式等方向，同时推动美国继续加速在量子传感与计量、量子计算、量子网络、量子信息与系统前沿基础科学和量子技术 5 个主要领域的突破，保持美国在未来几十年的竞争力。在先进制造领域，美国继 2022 年更新《国家先进制造业战略》后，2023 年，美国国防高级研究计划局（DARPA）设立下一代微电子制造研究项目、合金结构多目标工程与测试项目和开放制造计划项目等，旨在加快推动增材制造、微电子制造等先进制造技术的发展。在生物技术领域，美国加大生物制造、生物质能、药品和医疗保健产品等方面的技术研发力度。例如 2023 年 3 月，美国白宫发布《美国生物技术和生物制造的远大目标》，提出发展生物质燃料、生物基化学品和材料、无障碍健康监测、细胞疗法、人工智能赋能生物制药、先进的基因编辑系统技术、基因测序、创新生物制造等先进技术，推动美国生物技术和生物制造的发展。同年 12 月，美国首个获得美国食品药品监督管理局（FDA）批准的基因编辑治疗药物 Casgevy 问世。在先进通信领域，美国计划结合人工智能、先进软件、云计算和尖端半导体芯片等直接研发 6G 无线技术，并推进光通信、卫星通信等技术的发展。高通公司、交互数字通信有限公司、思科公司、美国国际电话电报公司（AT&T）等顶尖的通信技术研发和生产企业均加快 6G 技术研发。美国太空探索技术公司（SpaceX）持续推进低轨卫星互联网"星链"计划，截至 2024 年 10 月，已发射 7000 多颗卫星。

## 第二节　德国：重点关注智能制造、人工智能等领域，确保工业技术和产业的全球主导力

**战略举措**。一是持续深化和细化未来产业相关政策文件，确保各项战略精准落地。2023 年，德国围绕高技术和未来产业领域密集出台十余项国家层面的发展战略，强调其创新策略的连续性、系统性和专业性。例如 2023 年 2 月，德国政府通过了《未来研究与创新战略》，更新了德国研究和创新政策的跨部门任务、重点领域和标志性目标。同年 4—11 月，德国相继出台《量子技术行动计划》《基于人工智能向数据经济转型的国家倡议》《国家氢能战略》《轻量化战略》和《人工智能行动计划》等一系列专项政策文件，推动量子、人工智能、新能源等重点领域向纵深发展。二是强化政府干预，构建促进未来产业发展的制度框架。德国有针对性地支持其重点工业领域，以维持其在全球先进制造业中的领先地位。在新能源、人工智能、自动驾驶等关键领域，通过政府补贴、援助甚至直接接管重要企业等方式积极推动未来产业发展。此外，德国不断优化有利于企业成长的制度环境，提升本国产业氛围。同时，德国加大对中小企业的支持力度，并将其上升到国家战略层面，以维护中小企业的传统优势。三是强化未来人才培养和人才储备。德国注重产学研协作，通过创建孵化器促进人才在高校、科研机构和企业之间的互动，加强产学研的紧密联系和交流。例如，2022 年，德国联邦教研部（BMBF）宣布，在未来几年内将提供 2400 万欧元，支持达姆施塔特工业大学、

德累斯顿工业大学、慕尼黑工业大学及相关合作方建立培养人工智能人才的"康拉德·楚泽学院"（Konrad Zuse School），旨在建立科学和工业网络，以招募来自世界各地的优秀人工智能人才。德国还组建国际学术网络（GAIN）等，并于 2023 年修订《科研定期合同法》，为德裔学者提供德国就业相关政策信息、工作岗位、资助机会等，通过打通国际交流渠道，鼓励德国人才回流，强化本国人力资源。

布局赛道。近几年，德国重点布局智能制造、量子技术、人工智能、先进能源等领域。在智能制造领域，德国从 2022 年开始打造"制造—X"计划，该计划是"工业 4.0"战略的首要任务，其核心内容和目标包括构建自主可控的数据空间、实施行业示范项目和跨行业协同项目，以及建立转型推广体系和顶层治理体系，旨在推动供应链数字化，以重新塑造制造业的竞争优势。目前，随着"工业 4.0"战略的不断推进，德国已成为全球工业自动化的领军者，在智能驾驶、工业机器人、精密仪器等领域都有着极高的技术水平和市场占有率。在量子技术领域，德国围绕推广技术应用、促进技术开发及构建创新生态等方面采取关键行动。一方面，通过开发、推广量子通信组件、加强跨领域量子算法设计等措施，到 2026 年，显著提高量子技术在所有技术领域的整体可用性和应用水平。另一方面，通过明确的应用前景推动研发，开发用于量子技术的下一代芯片、量子计算硬件等处于早期研发阶段的技术，确保并强化德国在量子基础技术方面的优势地位。在人工智能领域，2023 年 5 月，德国国家工程院和联邦数字与交通部（BMDV）提出基于人工智能向数据经济转型的国家倡议，重点关注"为跨数据库的数据交换开发组织和技术基础，协调不同数据库的必要网络并开发第一个应用程序"、"人工智能算法的质量和可验证性，创建一个质量和创新中心作为公共联络点"和"在市场上实现人工智能创新，改善人工智能创新企业的成长条件"3 个方向。同年 8 月，德国联邦教研部发布了《人工智能行动计划》，确定了加强人工智能研究基础、制定人工智能研究议程、提升人工智能技能等 11 项迫切需要采取的行动。在先进能源领域，2023 年 5—7 月，德国联邦经济和气候保护部（BMWK）先后发布《德国光伏战略》《陆上风能战略》和《国家氢能战略》，明确了推进光伏和陆上风电产业发展的行动举措，并提出 4 项重点任务：确保充足的氢能供应；加快建设高效的氢能基础设施；建立面向工业、交通、电力等行业的氢能应用体系；建立有效的框架条件。

## 第三节 日本：重点发展能源环境、生命健康等领域，推动"社会5.0"愿景加快实现

**战略举措。**一是通过技术预见调查为未来产业发展奠定基础。2017—2024年，日本多次开展技术预见调查，面向2050年的科技与社会未来展望开展深入研究，确定了16个关键发展领域，包括解决适应社会和经济发展变化的社会问题的技术、新一代生物监测和生物工程技术等8项跨学科、强交叉的特定科技领域和利用新的数据分发系统、机器人技术等8项具体研究领域的特定科技领域。二是强化科技创新，加大资金投入，促进未来产业发展。从整体投入来看，日本在科技研发上的投入占GDP的比例始终保持在2%以上，为未来产业的技术革新提供了坚实的资金支持。从具体领域来看，在氢能领域，2024年，日本经济产业省表示，将投资4万亿日元（约260亿美元）开发新一代的氢动力客机，实现航空运输产业的脱碳计划。在人工智能领域，日本政府联合各大企业启动了"机器人计划"，并投入了1000亿日元用于人工智能的研究与开发；东京大学与软银集团共同投资200亿日元，共建世界级的人工智能研究所。三是优化科研环境，加强面向促进未来产业发展的人才培养。2023年4月，日本开始实施面向优秀海外大学毕业生的未来创造人才制度（J-Find），对计划获得者赋予"特定活动"的在留资格，最长可以在日本居住2年。同时，日本积极培育战略科学家，构建支持中坚和资深研究人员开展多样化、持续性挑战的研究环境，提升其研究能力。日本还实施"卓越研究员项目"和"世界领军研究者战略培养项目"等，加强顶级研究人才的培养。此外，日本设立原创性研究支持项目，提供最长10年的长期资助，以年轻研究人员为核心，打造不拘泥于现有框架、勇于追求、大胆探索的创新环境。

**布局赛道。**日本前瞻布局氢能源、生物技术、人工智能、深海空天开发等重点领域，并取得一定成果。在氢能源领域，日本高度重视氢能与燃料电池汽车产业的发展，已经将氢能发展上升到国家战略地位，先

后颁布了《日本复兴战略》、《能源战略计划》、《氢能源基本战略》和《氢能及燃料电池战略路线图》等战略规划，面向 2030 年乃至 2050 年加快布局了可再生能源、核能、火力发电、电力系统改革、氢能和氨能、资源和燃料供应等新赛道。在生物技术领域，为持续保持全球生物技术强国地位，日本围绕 2030 年实现全球范围内先进的生物经济社会等目标，重点布局高功能生物材料、生物医药、再生医疗、细胞治疗、基因治疗等赛道。2023 年 11 月，日本发布《生物制造革命推进事业研究开发计划》，旨在推进日本生物制造工艺的转换和生物制造产品在全球市场的流通，进而增强产业竞争力。在人工智能领域，继《AI 战略 2022》发布后，2023 年又发布《月球挑战》报告，提出加快建设 AI 网络平台、研发 AI 芯片等内容。日本企业也加速布局 AI 领域，2023 年 12 月，继英伟达与软银等日企合作研发生成式 AI 后，乐天集团计划推出自己的 AI 语言模型。在深海空天开发领域，新版《防卫计划大纲》和《宇宙基本计划》等进一步明确了水下无人显像器、太空、网空和电磁空间等赛道，并提出在海洋资源开发、海洋环境保护、海上运输、海洋科技、海洋安全等方面开展具体布局。2023 年，日本发布新版《海洋基本计划》及《水下自主航行器（AUV）战略》，这些战略文件均强调发展无人装备，并推进军民两用。

## 第四节　韩国：重点突破半导体、先进通信等领域，巩固国家优势领域主权地位

**战略举措**。一是聚焦战略前沿领域，以"任务导向型"推进重点技术突破。韩国产业科技战略聚焦重点战略和前沿领域，专注尖端战略技术，通过设定目标和专项集中支持，推进重点技术突破和产业崛起，提升其产业科技的核心竞争力。一方面，重点培育半导体、新一代核能、先进生物技术、人工智能、量子技术等前沿领域产业，力图在未来前沿和关键领域的科技与产业竞争中占据领先优势。另一方面，针对不同领域的技术特点和发展阶段，差异化制定研发目标或具体技术路线图，整合新的科技关键资源和各方力量，以"任务导向型"推进具体研发任务，

以实现重点突破。二是以政府投资带动民间投资方式促进未来产业发展。韩国采用共担成本、给予税收优惠和补贴、设立长期贷款、制定特殊法律等方式形成政策组合体系。同时政府通过设立专项研发基金、加大重点领域投资、鼓励企业技术研发等方式加大资金支持，形成以政府投资为主导、带动民间投资参与的研发支持模式。三是优化科技资源配置，以全要素支撑加速技术跃升。一方面，加强科技基础设施建设，打造高效产业技术基础服务平台、高质量园区等支撑设施。例如，在量子领域，扩大研究人员可直接利用的开放性量子工厂设施规模，建立量子组件和设备的测试与验证设施；在人工智能领域，加强数据库建设，支持开发人工智能大模型原创技术并推动相关基础设施和计算资源的建设与开放。另一方面，政产学研多方共同培育未来产业人才，包括设立专业领域大学、引进海外高层次科研人才、开展产业应用实践、派遣人员到国外领先机构学习等。

布局赛道。韩国重点突破半导体、人工智能、先进通信三大领域。在半导体领域，2023 年 5 月，韩国科学技术信息通信部（MSIT）发布"半导体未来技术路线图"，提出未来 10 年确保在半导体存储器和晶圆代工方面实现超级差距，在系统半导体领域拉开新差距，并启动半导体未来技术民官协商机制。在人工智能领域，《国家战略技术培育方案》、《2023—2037 年国防科学技术革新基本计划》和《人工智能国家战略》等文件均将人工智能列为重点发展方向。2023 年 6 月，韩国政府发布"全民 AI 日常化推进计划"，利用 AI 服务解决民生问题，为韩版 ChatGPT（AI 技术驱动的自然语言处理工具）研发完善法制基础，研发民间主导的智慧医疗解决方案。在先进通信领域，2023 年 2 月，韩国科学技术信息通信部发布"K-NETWORK 2030"战略，致力于将韩国打造成"新一代网络模范国家"。该战略旨在创新基于软件的下一代移动网络，强化供应链的构建，开发世界级的 6G 技术并率先商用，同时在先进网络安全等方面开展布局。韩国将投入 6253 亿韩元（2024—2028 年）用于 6G 核心技术研发，主要聚焦于 6G 基础技术、6G 相关材料研发及应用、6G 零部件及设备行业，以及 Open RAN（开放式无线电接入网）技术。

第三章

# 中国未来产业发展基本情况

习近平总书记多次强调，要积极培育未来产业，加快形成新质生产力，增强发展新动能。国家相关部委聚焦主责主业，加快布局未来产业，北京、上海、浙江、江苏等省（市）均出台未来产业政策文件，创新未来产业发展的思路、模式和路径。

## 第一节　国家战略性布局重点领域

《"十四五"规划和 2035 年远景目标纲要》明确要谋划布局一批未来产业。在科教资源优势突出、产业基础雄厚的地区，布局一批国家未来产业技术研究院，加强前沿技术多路径探索、交叉融合和颠覆性技术供给。实施产业跨界融合示范工程，打造未来技术应用场景，加速形成若干未来产业。

科技部和教育部共同推动未来产业科技园建设。2021 年 12 月，科技部、教育部联合印发《关于依托国家大学科技园开展未来产业科技园建设试点工作的通知》，遴选 10 家国家大学科技园开展未来产业科技园建设试点工作，同时指定 1 家单位进行未来产业科技园建设试点的培育工作。2022 年 11 月，科技部、教育部发布《关于批复未来产业科技园建设试点的函》，同意包括空天科技未来产业科技园在内的 10 家未来产业科技园作为建设试点，并将量子信息未来产业科技园列为建设试点培育对象。此外，教育部推动未来技术学院建设，已公布 12 所高校进入首批未来技术学院名单。

工业和信息化部围绕制造业"主战场"前瞻部署未来产业。2024年1月18日，工业和信息化部等七部门联合出台《工业和信息化部等七部门关于推动未来产业创新发展的实施意见》，建议以传统产业的高端化升级和前沿技术的产业化落地为主线，以创新为动力，以企业为主体，以场景为牵引，以标志性产品为抓手，重点推进未来制造、未来信息、未来材料、未来能源、未来空间和未来健康六大产业发展方向，加快形成新质生产力，为强国建设提供有力支撑。

## 第二节　地方因地制宜部署前瞻赛道

### 一、北京

**战略举措**。一是构建技术产品化、产品产业化、产业规模化的全链条未来产业生态。以科技产业资源优势为基础，以前沿技术的能力供给引领新场景、创造新需求，工程化推进"技术—产品—标准—场景"联动迭代，加强产业链、创新链、人才链、资金链全链条一体化部署。二是打造包括中试平台、技术标准在内的全链条式未来产业公共服务网络。聚焦未来产业落地，建立科技成果"边研发、边转化"的产业化和快速迭代机制，建设全流程"一站式"服务平台，打造技术和产品创制高地。

**布局赛道**。北京聚焦未来信息、未来健康、未来制造、未来能源、未来材料和未来空间六大领域。在未来信息领域，重点发展通用人工智能、第六代移动通信（6G）、元宇宙、量子信息、光电子等细分产业。在未来健康领域，重点发展基因技术、细胞治疗与再生医学、脑科学与脑机接口、合成生物等细分产业。在未来制造领域，重点发展类人机器人、智慧出行等细分产业。在未来能源领域，重点发展氢能、新型储能、碳捕集封存利用等细分产业。在未来材料领域，重点发展石墨烯材料、超导材料、超宽禁带半导体材料、新一代生物医用材料等细分产业。在未来空间领域，重点发展商业航天、卫星网络等细分产业。

### 二、上海

**战略举措**。一是组建一批未来技术学院。目前已建成上海大学未来技术学院、上海交通大学未来技术学院等。二是构建未来产业场景体系。发布早期验证场景，研究未来技术可行性；发布融合试验场景，实施跨界融合示范工程；发布综合推广场景，加速应用迭代与产业化。三是构建未来产业多元资金支撑能力。探索设立市场化主导的未来产业引导基金，鼓励金融机构开展产品和服务创新等措施。四是加快未来产业人才队伍建设。整合各类创新平台，面向全球"揭榜挂帅"，引进全球顶尖人才、科研团队和创新型企业。

**布局赛道。上海聚焦未来健康、未来智能、未来能源、未来空间、未来材料五大领域打造未来产业集群。**在未来健康领域，重点发展脑机接口、生物安全、合成生物、基因和细胞治疗等细分产业。在未来智能领域，重点发展智能计算、通用 AI、扩展现实（XR）、量子科技、6G 技术等细分产业。在未来能源领域，重点发展先进核能、新型储能等细分产业。在未来空间领域，重点发展深海探采、空天利用等细分产业。在未来材料领域，重点发展高端膜材料、高性能复合材料、非硅基芯材料等细分产业。

## 三、浙江

**战略举措。**一是加快构建"源头创新—成果转化—产品开发—场景应用"未来产业培育链。统筹教育、科技、人才"三位一体"发展，强化原始创新和颠覆性创新，推动未来技术多路径探索和交叉融合，着力构筑未来技术创新平台和"万亩千亿"新产业平台，打造产业未来化基地。二是积极布局未来产业先导区。2022 年，浙江公布人工智能、北斗地信、第三代半导体、空天产业（无人机与卫星互联网）、未来网络（6G）、眼健康、柔性电子等领域的 8 个第一批省级未来产业先导区；2023 年，在人工智能、区块链、第三代半导体、空天一体化、新能源、前沿新材料等优势领域建设一批未来产业先导区，积极创建国家级未来产业先导试验（示范）区。

**布局赛道。浙江聚焦未来网络、元宇宙、空天信息、仿生机器人、合成生物、未来医疗、氢能与储能、前沿新材料和柔性电子九大领域。**在未来网络领域，重点布局超高速光电太赫兹通信、高速全光通信、第六代移动通信等细分产业。在元宇宙领域，重点布局人机交互、数字孪生等细分产业。在空天信息领域，重点布局低轨卫星互联网、高精度导航定位、高分辨率遥感技术等细分产业。在仿生机器人领域，重点布局仿生感知认知、生机电融合、人工智能、视觉导航等细分产业。在合成生物领域，重点发展定量合成、基因编辑、蛋白质设计、细胞设计、高通量筛选等细分产业。在未来医疗领域，重点布局细胞与基因治疗、干细胞、核医疗、影像诊断、多组学数据分析、医学人工智能、人造组织与器官、数字药物等细分产业。在氢能与储能领域，重点发展超高压或深冷氢能储运、高效催化剂、氢燃料电池、电化学储能等细分产业。在前沿新材料领域，重点布局石墨烯、超导材料、生物可降解材料、碳纤维复合材料、新一代 3D 打印材料等细分产业。在柔性电子领域，重点布局柔性电子材料、绿色照明、传感与传感器件等细分产业。同时，探索发展量子信息、脑科学与类脑智能、深地深海、可控核聚变及核技术应用、低成本碳捕集利用与封存、智能仿生与超材料 6 个潜力巨大的未来产业。

## 四、江苏

**战略举措**。一是突出产业创新策源。开展未来产业科技战略研究，引导创新平台和高校院所布局基础研究，鼓励顶尖科学家领衔重大基础研究项目。支持企业与高校、科研院所共建创新联合体，推动创新平台升级。强化技术转移机构建设，加速科技成果向企业转化。二是推动强企育链集群。围绕"10＋X"领域，加强本土创新型企业培育，推动跨区域资源互补与成果转化，引进高成长性企业，构建未来产业企业矩阵。建立未来产业培育链路，加速氢能、细胞和基因等产业链发展。全省统筹布局，引导各地特色发展。三是强化场景应用牵引。支持氢能等领域的前沿科技，建设验证场景，推动创新应用。在通用智能等技术方向，打造开放融合应用场景，加速产业化进程。促进产业跨界融合，运用前沿技术重构各行业。四是加大关键要素支撑。研究制定未来产业核心人才库和紧缺人才图谱，加大领军人才支持力度，引进有国际视野的战略科技人才等。推动在苏高校建设未来技术学院等，培养创新人才。提供创新金融支持，组建天使基金，促进市场化创投基金，支持早期科技型企业。鼓励金融机构创新服务模式，保障多元资金投入。加大公共数据

开放共享力度，推动科学数据向企业开放。五是深化产业开放合作。深化长三角科技创新共同体联合攻关，推动国家战略科技力量共建共享，探索构建跨区域协同发展体系。深入对接先发地区，联合开展前沿技术多路径探索。办好相关领域峰会、论坛，深度融入全球创新网络。积极参与国际大科学计划、大科学工程，主动承接未来产业国际技术转移。六是创新未来产业治理。通过支持南京、苏州等城市建设未来产业研究院，鼓励技术突破和成果转化。同时，探索创新型监管举措，如设立"观察期"和"包容期"，并实施柔性监管。此外，加强知识产权保护，优化容错机制，对因不确定性因素未达到预期效果的相关负责人给予责任豁免或减轻责任。

布局赛道。江苏重点布局第三代半导体、未来网络、氢能、新型储能、细胞和基因技术、合成生物、通用智能、前沿新材料、零碳负碳（碳捕集利用及封存）、虚拟现实十大领域。在第三代半导体领域，加快推动碳化硅、氮化镓单晶衬底及外延材料制备技术升级和应用延伸，大力发展电力电子器件、微波射频器件、光电子器件等产品，超前布局发展氧化镓、金刚石等超宽禁带半导体材料。在未来网络领域，加快发展高速全光通信、新一代移动通信、算力网络、卫星互联网等领域，构建空天地一体、通感算一体、设施与应用深度融合的未来网络体系。在氢能领域，着力突破海水制氢等可再生能源制氢关键技术，推动液氢制储运关键技术研发及应用，积极发展石墨烯、高活性轻金属等固态储氢材料及关键技术。在新型储能领域，加快提升压缩空气等储能技术产业化，探索熔盐储热、飞轮储能、重力储能等前沿技术，加快高比能、高安全、长循环新一代储能电池技术研发。在细胞和基因技术领域，聚焦基因组学、基因测序、基因治疗、细胞治疗等重点领域，突破高通量基因测序仪及配套试剂、载体递送、基因编辑、类器官等关键技术，鼓励发展类器官芯片、DNA 存储等新技术。在合成生物领域，加速 DNA/RNA 底层技术突破验证和转化扩容，超前布局定量合成、蛋白质设计、细胞设计、高通量筛选等前沿技术。在通用智能领域，前瞻布局类脑智能技术，积极开展 AI 大模型技术研究，加快发展人工智能服务业、智能制造业。在前沿新材料领域，发展粉末冶金、高性能碳纤维及复合材料、纳米材料、石墨烯材料、智能仿生材料、超导材料、超材料等前沿新材料，促进新一代材料与关键装备、终端产品同步研发、生产、验证和应用，推动一代材料革新一代装备。在零碳负碳（碳捕集利用及封存）领域，开展碳捕集、运输、利用、封存、监测等环节关键核心技术攻关，加快推动新一代低成本、低能耗碳捕集技术研发和商业化应用。在虚拟现实领域，重点攻关近眼显示、渲染处理、感知交互、网络传输、内容生产、压缩编码、安全可信等关键技术，加快工业生产、文化旅游、智慧城市等领域应用场景建设。

## 五、深圳

**战略举措。**一是推动产业链、创新链、人才链、教育链"四链"深度融合。深圳聚焦"基础研究+技术攻关+成果产业化+科技金融+人才支撑"全过程创新生态链，实施"基础研究强基"、"技术攻关突破"、"成果产业化加速"、"科技金融融合"和"创新人才汇聚"五大工程，推动创新资源向未来产业集聚。二是推动未来产业与战略性新兴产业梯次接续发展。围绕 5 至 10 年内有望成长为战略性新兴产业、10 至 15 年内有望成长为战略性新兴产业，分产业、分阶段培育，有效衔接战略性新兴产业。

**布局赛道。**深圳布局合成生物、区块链、细胞与基因、空天技术、脑科学与类脑智能、深地深海、可见光通信与光计算、量子信息八大领域。在合成生物领域，重点发展合成生物底层技术、定量合成生物技术、生物创制等领域，加快突破人工噬菌体、人工肿瘤治疗等创制关键技术。在区块链领域，重点发展底层平台技术、区块链＋金融、区块链＋智能制造、区块链＋供应链等领域，打造区块链创新引领区。在细胞与基因领域，重点发展细胞技术、基因技术、细胞与基因治疗技术、生物育种技术等领域，加快建设细胞与基因产业先导区。在空天技术领域，重点发展空天信息技术、先进遥感技术、导航定位技术、空天装备制造等领域，推动航空航天材料及部件、无人机、卫星等技术创新。在脑科学与类脑智能领域，重点发展脑图谱技术、脑诊治技术、类脑智能等领域，开展类脑算法基础理论研究与前沿技术开发。在深地深海领域，重点发展深地矿产和地热资源开发利用、城市地下空间开发利用、深海高端装备、深海智能感知、深海信息技术等领域。在可见光通信与光计算领域，

重点发展可见光通信技术、光计算技术等领域，推动建立可见光通信标准化体系。在量子信息领域，重点发展量子计算、量子通信、量子测量等领域，推动在量子操作系统、量子云计算、含噪声中等规模量子处理器等方面取得突破性进展。

政　策　篇

第四章

# 未来产业相关政策

## 第一节　《工业和信息化部等七部门关于推动未来产业创新发展的实施意见》

### 一、政策背景

习近平总书记 2023 年 9 月在黑龙江考察时指出，"积极培育未来产业，加快形成新质生产力，增强发展新动能"。2023 年中央经济工作会议指出"要以科技创新推动产业创新，特别是以颠覆性技术和前沿技术催生新产业、新模式、新动能，发展新质生产力"。《"十四五"规划和2035 年远景目标纲要》明确提出要谋划布局一批未来产业。

为把握新一轮科技革命和产业变革机遇，加强对未来产业的前瞻谋划、政策引导，围绕制造业主战场加快发展未来产业，支撑推进新型工业化，加快形成新质生产力，2024 年 1 月，工业和信息化部、教育部、科技部、交通运输部、文化和旅游部、国务院国资委、中国科学院七部门联合出台《工业和信息化部等七部门关于推动未来产业创新发展的实施意见》。

### 二、主要内容

加强前瞻谋划部署。把握全球科技创新和产业发展趋势，重点推进未来制造、未来信息、未来材料、未来能源、未来空间和未来健康六大方向产业发展。打造未来产业瞭望站，利用人工智能、先进计算等技术精准识别和培育高潜能未来产业。发挥新型举国体制优势，引导地方结合产业基础和资源禀赋，合理规划、精准培育和错位发展未来产业。发挥前沿技术增量器作用，瞄准高端、智能和绿色等方向，加快传统产业转型升级，为建设现代化产业体系提供新动力。

**提升创新能力。** 面向未来产业重点方向实施国家科技重大项目和重大科技攻关工程，加快突破关键核心技术。发挥国家实验室、全国重点实验室等创新载体作用，加强基础共性技术供给。鼓励龙头企业牵头组建创新联合体，集聚产学研用资源，体系化推进重点领域技术攻关。推动跨领域技术交叉融合创新，加快颠覆性技术突破，打造原创技术策源地。举办未来产业创新创业大赛，激发各界创新动能。

**促进成果转化。** 发布前沿技术应用推广目录，建设未来产业成果"线上发布大厅"，打造产品交易平台，举办成果对接展会，推动供需精准对接。构建科技服务和技术市场新模式，遴选科技成果评价和转移转化专业机构，开拓应用场景和商业模式。落实首台（套）重大技术装备和首批次材料激励政策，加快新技术、新产品应用推广。

**突破下一代智能终端。** 发展适应通用智能趋势的工业终端产品，支撑工业生产提质增效，赋能新型工业化。发展量大面广、智能便捷、沉浸体验的消费级终端，满足数字生活、数字文化、公共服务等新需求。打造智能适老的医疗健康终端，提升人民群众生命健康质量。突破高级别智能网联汽车、元宇宙入口等具有爆发潜能的超级终端，构筑产业竞争新优势。

**做优信息服务产品。** 发展下一代操作系统，构筑安全可靠的数字底座。推广开源技术，建设开源社区，构建开源生态体系。探索以区块链为核心技术、以数据为关键要素，构建下一代互联网创新应用和数字化生态。面向新一代移动信息网络、类脑智能等加快软件产品研发，鼓励新产品示范应用，激发信息服务潜能。

**做强未来高端装备。** 面向国家重大战略需求和人民美好生活需要，加快实施重大技术装备攻关工程，突破人形机器人、量子计算机、超高速列车、下一代大飞机、绿色智能船舶、无人船艇等高端装备产品，以整机带动新技术产业化落地，打造全球领先的高端装备体系。深入实施产业基础再造工程，补齐基础元器件、基础零部件、基础材料、基础工

艺和基础软件等短板，夯实未来产业发展根基。

**培育高水平企业梯队**。引导领军企业前瞻谋划新赛道，通过内部创业、投资孵化等培育未来产业新主体。实施中央企业未来产业启航行动计划，加快培育未来产业新企业。建设未来产业创新型中小企业孵化基地，梯度培育专精特新中小企业、高新技术企业和"小巨人"企业。支持新型研发机构快速发展，培育多元化的未来产业推进力量。

**打造特色产业链**。依托龙头企业培育未来产业链，建设先进技术体系。鼓励有条件的地区先行先试，结合国家自主创新示范区、国家高新技术产业开发区、新型工业化产业示范基地等，创建未来产业先导区，推动产业特色化集聚发展。创新管理机制，建设数字化的供应链、产业链，促进创新资源汇聚，加速数据、知识等生产要素高效流通。

**构建产业生态**。加强产学研用协作，打造未来产业创新联合体，构建大中小企业融通发展、产业链上下游协同创新的生态体系。强化全国统一大市场下的标准互认和要素互通，提升产业链、供应链韧性，构建产品配套、软硬协同的产业生态。

**开拓新型工业化场景**。围绕装备、原材料、消费品等重点领域，面向设计、生产、检测、运维等环节打造应用试验场，以产品规模化迭代应用促进未来产业技术成熟。深化新一代信息技术与制造业融合，加快推动产业链结构、流程与模式重构，开拓未来制造新应用。发挥中央企业丰富场景优势，加快建设多元化未来制造场景。加快工业元宇宙、生物制造等新兴场景推广，以场景创新带动制造业转型升级。

**打造跨界融合场景**。依托重大活动，实现前沿技术和产品的跨领域、综合性试点应用，打造示范标杆。依托载人航天、深海深地等重大工程和项目场景，加速探索未来空间方向的成果创新应用，服务国家战略需求。依托城市群和都市圈建设，打造绿色集约的产城融合场景。创新未来信息服务场景，加速形成普惠均等、便捷智慧的信息服务新范式。

**建设标志性场景**。定期遴选发布典型应用场景清单和推荐目录，建立优秀案例和解决方案库。引导地方开发特色化的标杆示范场景，依托场景组织高水平供需对接活动，加速新技术、新产品推广。鼓励企业面向应用场景开展创新研发，支持高校和科研院所针对原创性、颠覆性技术，建设早期试验场景，引领未来技术迭代突破。

加强标准引领与专利护航。结合未来产业发展需求，统筹布局未来产业标准化发展路线，加快重点标准研制。针对重点标准适时开展宣贯和培训，引导企业对标达标，加速未来产业标准应用推广。促进标准、专利与技术协同发展，引导企业将自主知识产权与技术标准相融合。完善关键领域自主知识产权建设及储备机制，深化国际国内知识产权组织协作，构建未来产业高质量专利遴选、评价及推广体系。

同步构筑中试能力。按产业需求建设一批中试和应用验证平台，提升精密测量仪器、高端试验设备、设计仿真软件等供给能力，为关键技术验证提供试用环境，加快新技术向现实生产力转化。建设一批中试公共服务机构，提高工程开发、技术熟化、样品试制、测试验证等中试服务水平。

建设专业人才队伍。大力培育未来产业领军企业家和科学家，优化鼓励原创、宽容失败的创新创业环境。激发科研人员创新活力，建设一批未来技术学院，探索复合型创新人才的培养模式。强化校企联合培养，拓展海外引才渠道，加大前沿领域紧缺高层次人才的引进力度。

强化新型基础设施。深入推进 5G、算力基础设施、工业互联网、物联网、车联网、千兆光网等建设，前瞻布局 6G、卫星互联网、手机直连卫星等关键技术研究，构建高速泛在、集成互联、智能绿色、安全高效的新型数字基础设施。引导重大科技基础设施服务未来产业，深化设施、设备和数据共享，加速前沿技术转化应用。推进新一代信息技术向交通、能源、水利等传统基础设施融合赋能，发展公路数字经济，加快基础设施数字化转型。

# 第二节　《湖北省加快未来产业发展实施方案（2024—2026 年）》

## 一、政策背景

为深入实施创新驱动发展战略，抢抓新一轮科技和产业变革机遇，以颠覆性技术和前沿技术催生未来产业，培育发展新质生产力，增强发展新动能，打造引领带动经济社会发展的未来引擎，2024 年 6 月，湖

北省人民政府办公厅印发《湖北省加快未来产业发展实施方案（2024—2026 年）》。

## 二、主要内容

### （一）未来制造

**数字制造技术。**突破高能束高精准控形控性增材制造、原子级可控制造、高效高性能多尺度激光制造、异质异构跨尺度制造等前沿技术，攻关智能控制、智能传感、模拟仿真、智能工艺规划等关键核心技术，开发高端精密数控加工、智能化增材制造等高端装备。

**人形机器人。**突破高性能运动控制和感知定位算法，驱—传—感—控一体化爆发式高功率密度大工作范围电驱动关节、高负载自重比腿臂手足躯干部件仿生设计与制造等前沿技术，在 3C 制造、养老、医疗等领域开展应用示范。

**智能制造系统。**围绕汽车、航空航天、船舶、电子信息等重点行业，突破高安全高可信的嵌入式实时工业操作系统、嵌入式组态软件、制造执行系统、供应链管理软件、产品全生命周期管理软件、商业智能软件等。

### （二）未来信息

**6G。**开展全光调制、太赫兹通信、通感算一体化、星地协同传输等关键技术研究，大力发展空天地一体化、通导遥深度融合技术，加快探索 6G 技术商用及应用场景示范。

**新型计算。**开展量子物态与新量子效应、非厄米拓扑光子学等前沿理论研究，重点突破光子芯片、光电混合计算架构等关键技术。发展新型铁电存储器、三维相变存储器等新型存储器，开发基于忆阻器（RRAM）的存算一体技术。

**虚拟现实。**突破近眼显示与感知交互、渲染计算、云内容制作分享等关键技术，大力发展工业、教育、文旅元宇宙。

**人工智能。**重点发展原生多模态通用大模型、类脑智能、群体智能、AI for Science（人工智能驱动科学研究），加快神经元芯片、类脑芯片、

AI 算力芯片、智能传感器、高性能微机电系统等高端元器件研发，推进多模态模型、通用人工智能垂直领域模型在智能终端领域的应用。

### （三）未来材料

**非晶合金材料**。突破非晶合金在材料尺寸和室温可加工性方面的限制，发展 Cu 基、Ti 基等非晶合金新材料。

**生物医用新材料**。重点开发骨、皮肤、血液、神经、肌肉等组织器官再生生物活性材料。

**低维电子材料**。重点发展二维碳材料、二维过渡金属硫化物、黑磷等规模化制备技术和微纳结构测量表征技术，加速在光电子器件中的产业应用。

**第四代半导体材料**。突破氧化镓单晶生长、切割打磨、同质外延及载流子调控等关键技术。

**超导与超构材料**。发展第二代高温超导带材制造技术，以及光学、力学和射频应用超构材料设计与制备工艺，加快在核磁共振成像和重大科技基础设施与重大战略工程中的应用。

### （四）未来能源

**氢能**。重点开发阴离子交换膜电解水制氢、固体氧化物电解制氢关键技术，突破石墨烯、高活性轻金属等固态储氢材料。

**新型储能**。发展固液混合/全固态锂离子电池、钠离子电池，突破关键储能材料的低成本、规模化制备技术，探索熔盐储热、飞轮储能、重力储能等前沿技术。

**零碳负碳**。开发新一代低成本、低能耗碳捕集技术，发展生物转化、液化驱油、矿物封存、有机化学品及高值无机化学品制造等碳利用技术。

**太阳能**。开发超高光热转换效率新型材料，研发二维材料太阳能电池、量子点太阳能电池、钙钛矿太阳能电池、有机太阳能电池和染料敏化太阳能电池等新一代高效太阳能电池。

**新型核能**。开发满足未来能源多元共生应用需求的下一代核能系统、采用特种液态金属（铅/铋/锂等）作为冷却工质的超小型可移动式先进核能系统。发展"人造太阳"，加快突破磁约束氘氚聚变中子源的

关键技术，研发聚变堆材料等关键产品，开发新型"太阳"核聚变能源系统。

## （五）未来空间

**空天与低空利用**。开发重复使用空天运输平台、超低轨道卫星星座、eVTOL 飞行器，加快推动卫星互联网、飞行汽车、跨介质飞行器等空天技术的应用。

**深海探采**。发展水下中远距离通信技术，开发新型深潜器及深海采矿机器人、大型海上施工作业装备等海洋工程装备。

**深地探采**。突破深地先进测控与导向、状态监测及故障诊断等关键技术，推动地下远程操作机器人、大深度高强钻具系统等设备研制，加速深地矿产和地热资源、城市地下空间开发利用。

## （六）未来健康

**脑科学与脑机接口**。开展脑认知功能解析、重大脑疾病诊治、类脑智能等前沿研究，发展脑机接口芯片、脑神经信号采集与处理、植入手术机器人等关键技术。

**AI+生物医药**。推动 AI 技术与新型药物设计和筛选、重组抗体设计与合成、新型药物递送材料或递送系统、影像病理基因融合诊疗、高分辨成像等多领域融合发展。推进智能医学成像、智能手术机器人等产品研发。

**基因与细胞治疗**。突破 CRISPR-Cas 基因编辑、碱基编辑疗法、细胞重编程、人工组织器官构建、类器官等关键技术，加快基因药物、细胞药物研发。

**生物制造**。突破定量合成、蛋白质设计、细胞设计、高通量筛选等前沿技术。增强工业核心菌种、新型高效酶制剂、关键底层仪器设备的研发供给能力。

**生物育种**。发展智能分子设计、植物基因编辑育种技术，推动良种选育精细化、精准化、智能化、功能化及工厂化。

# 第三节　深圳市《关于加快发展新质生产力进一步推进战略性新兴产业集群和未来产业高质量发展的实施方案》

## 一、政策背景

"20+8"产业集群行动实施以来，深圳市系统推进、重点突破、挂图作战、清单管理，各项工作取得显著成效。全市战略性新兴产业增加值达 1.45 万亿元、增长 8.8%，已成为稳住制造业基本盘、增强实体经济发展后劲、加快建设全球领先的重要的先进制造业中心和具有全球重要影响力的产业科技创新中心的重要抓手，并逐步成为发展新质生产力的主阵地。为抢抓新一轮科技革命和产业变革历史机遇，对标先进经验做法，与时俱进完善、持续提升"20+8"产业集群体系，2024 年 3 月，深圳市工业和信息化局印发《关于加快发展新质生产力进一步推进战略性新兴产业集群和未来产业高质量发展的实施方案》，形成推进"20+8"产业集群高质量发展的 2.0 版本。

## 二、主要内容

**动态调整集群门类。** 在未来产业中，新增智能机器人产业和前沿新材料产业，区块链产业并入软件与信息服务产业集群，可见光通信与光计算产业调整为光载信息产业，脑科学与类脑智能产业调整为脑科学与脑机工程产业。在保持战略性新兴产业集群和未来产业框架体系总体不变的情况下，加强前瞻谋划、动态调整、滚动完善、持续提升战略性新兴产业集群和未来产业体系。

**分类推进培育发展。** 科学把握产业集群差异化、阶段性发展特征，分类推进、精准施策、加速培育、促进发展。结合产业发展成熟度，推动合成生物、光载信息、智能机器人、细胞与基因等 4 个未来产业，5～10 年内产业规模实现倍数级增长；推动脑科学与脑机工程、深地深海、量子信息、前沿新材料等 4 个未来产业，10～15 年内发展成为战略性新兴产业中坚力量。

**优化调整重点方向。**前瞻研判国内外产业集群演进趋势，更新调整重点领域和关键环节，持续完善各产业集群行动计划。鼓励开展新技术、新产品布局，加强创新产品推广和自主产品规模化应用，推动质量提升与品牌培育，完善行业标准规范，精准提出各产业集群培育发展的 3～5 个关键抓手和 2024—2025 年任务清单。

**统筹各区错位发展。**着眼于产业成长性，结合各区资源禀赋，合理规划各产业集群的重点布局区和各区重点发展的产业集群。原则上每个产业集群控制在 3～5 个区布局，其中细分领域较多的产业集群可适当增加布局区；每个区重点发展 3～5 个产业集群。战略重点类产业集群和未来产业由市级层面结合实际统筹布局。

**夯实产业发展基础。**推动电镀、热处理等基础工艺高端化发展。建成投用脑解析与脑模拟、国家超算深圳中心二期等重大科技基础设施。加快建设自由电子激光、特殊环境材料等设施。加强第五代移动通信增强型技术（5G-A）网络、智能算力等新型基础设施建设。加快工业互联网规模化应用，深化工业数据应用。

**加强创新体系建设。**发挥创新平台载体作用，孵化高附加值企业，推动产业链上下游企业协同创新。加强企业主导的产学研深度融合，支持龙头企业牵头组建创新联合体，推动企业持续加大研发投入。加快布局制造业创新中心、产业创新中心、概念验证中心、新产品导入中心等。

**完善服务供给体系。**加快培育服务型制造示范企业。推进先进检测认证和标准化体系建设，科学布局质量基础设施。出台服务工业企业国际化发展政策，升级工业企业出海一站式服务平台。突出市场化、专业化，持续办好高交会、文博会等高水平展会，以及国际数字能源展、国际消费电子博览会等具有行业风向标意义的展会。开展"深圳制造"品牌提升行动，支持企业制定细分产业领域国际标准。

**积极拓展应用场景。**研究制定典型应用场景清单。加快新技术、新产品在重大项目中的规模化应用，打造应用试验场。组织实施一批跨领域、综合性标杆和亮点项目，加速新技术验证、新产品规模化应用和新业态、新模式培育。滚动更新创新产品推广应用目录和首台（套）重大技术装备、首批次重点新材料、首版次软件推广应用指导目录。

# 第四节　《成都市人民政府关于前瞻培育未来产业构筑高质量发展新动能的实施意见》

## 一、政策背景

未来产业是明天的战略性新兴产业、后天的支柱产业，依托新科技、引领新需求、创造新动力、拓展新空间，对构建创新驱动、科技引领的现代化产业体系具有战略意义。为抢抓新一轮科技革命和产业变革孕育的重大机遇，塑造未来产业竞争新优势，加快形成新质生产力，打造支撑城市高质量发展的新引擎，2024 年 1 月，成都市人民政府发布《成都市人民政府关于前瞻培育未来产业构筑高质量发展新动能的实施意见》。

## 二、主要内容

**前沿生物**。近期重点培育基因及细胞治疗、数字诊疗、核医药等细分领域，攻关免疫细胞治疗、基因编辑、结构化疾病数据库等核心技术，加速蛋白质设计筛选、人工智能诊疗、核素偶联治疗等方向研究及产业化；中远期重点培育生物育种、合成生物等细分领域，发展基因编辑育种、诱变育种与传统育种技术融合的技术体系，推动合成生物技术与绿色食品、大健康产业等领域的颠覆性创新与产业化应用。

**先进能源**。近期重点培育绿色氢能、新型储能等细分领域，推动制氢、储氢、运氢、用氢的基础材料、关键零部件和成套装备研发及产业化，加快"光储充"等新型储能设备产业化布局，积极探索固体氧化物燃料电池、液流电化学电池技术路线；中远期重点培育先进核能细分领域，攻关电磁驱动聚变、磁约束可控核聚变等新一代先进核能系统核心技术。

**未来交通**。近期重点培育飞行汽车、新一代无人机、空天动力、商业航天等细分领域，建强无人机试飞基地，推动城市空管装备、载人垂直起降飞行器等相关产品研制，探索新型号无人机、人工智能自主无人机等产品研发与谱系化发展，攻关高精尖航空发动机等高端航空装备设计、材料、制造、服务保障等关键技术，发展低成本可复用航天运载平台；中远期重点培育超级高铁细分领域，攻关高速磁悬浮核心装置与系统、轻量化车体材料、减震降噪材料等核心技术，依托大型枢纽节点探索构建多层次自主交通网络。

**数字智能。**重点培育人形机器人、类脑智能、元宇宙、柔性电子、先进计算及数据服务等细分领域，迭代发展机器人舵机、伺服器、传感器等核心技术，攻关神经形态建模、神经调控、脑机接口、类脑芯片等基础技术，推动数字内容与真实世界无缝衔接的数字空间技术创新及产业化发展，加速柔性电子器件、柔性穿戴设备等研发及产业化，持续打造超算、智算等高性能计算领域的战略技术优势和产业应用生态。

**泛在网络。**近期重点培育卫星互联网、光芯片等细分领域，攻关低轨卫星、高精度导航、光子集成等核心技术，推动导航传感通信深度融合发展，加快高速光通信芯片器件等相关技术产品的研发转化；中远期重点培育 6G、量子科技等细分领域，攻关太赫兹无线通信、量子通信、量子测量等核心技术，加速量子互联网器件、空天地一体通信网络等系统设备的研发及产业化。

**新型材料。**重点培育高性能纤维及复合材料、先进碳材料等细分领域，提升高强度、高模量、耐高温、热塑性复合材料产业化水平，开展高性能氟硅材料、高端聚烯烃、环保型高分子材料等关键技术研发，加快突破石墨烯薄膜规模化、高端 3D 打印材料等制备技术。

**前沿交叉融合新赛道。**常态化开展新赛道跟踪预研，敏锐捕捉深地深海深空、认知型人工智能、超导技术等前沿领域的颠覆性、突破性进展，密切关注前沿生物、先进能源、未来交通、数字智能、泛在网络等多学科、多领域交叉融合及三次产业高质量融合发展趋势，打破行业壁垒和技术孤岛，持续优化未来产业重点发展方向，择机部署一批体现最新科技成果、产业技术跨界融合的未来产业新赛道。

# 第五节　成都市《关于前瞻培育未来产业的政策措施》

## 一、政策背景

为前瞻培育未来产业，在现有科技创新、成果转化和产业发展政策基础上，结合未来产业培育特点，按照市场主导、企业主体、政府服务、精准施策的原则，针对性补充关键环节支持方式，2024 年 1 月，成都市人民政府办公厅印发《关于前瞻培育未来产业的政策措施》。

## 二、主要内容

**建立天使基金投向未来产业机制。**将未来产业纳入成都天使母基金的重要投向，按照市属国企基金管理，发挥天使投资基金对未来产业发展的撬动引导作用。建立天使子基金精准发榜机制，根据未来产业细分赛道特点和基金管理机构关注重点，精准设置发榜条件，吸引全球顶级早期或创业投资管理机构参与子基金组建。灵活设置天使子基金返投标准，根据投资项目的类型、阶段、能级、落地区域，加权认定返投完成金额。

**创新未来产业新型研发模式。**鼓励各区（市）县政府（管委会）聚焦自身重点发展的未来产业细分领域组建相应的新型研发机构。围绕揭榜的未来产业具体领域，引聚包含技术专家、管理专家、产业专家等在内的创新创业团队，提升揭榜领域相关未来产业前沿技术成熟度，搭建概念验证、小试中试等技术熟化公共平台，孵化具备市场竞争力、投资机构认可的科技型企业。建立新型研发机构精准发榜工作机制，重点围绕企业、创业团队的工艺节点和创新需求明确发榜领域，灵活设置载体扶持、成果确权、资金回馈等支持激励条件。支持链主企业联合高校院所、上下游企业组建创新联合体，采取"揭榜挂帅"、"赛马"等方式开展未来产业前沿技术攻关。

**引育未来产业新锐创业团队。**未来产业子基金管理机构新引荐（非天使投资项目）的外地未来产业创业团队、初创企业来蓉落户，按落户企业的实缴注册资本和资本公积予以返投认定。鼓励未来产业新型研发机构以"揭榜挂帅"形式招引未来产业顶尖创新创业团队、新锐初创企业在蓉落户。深入实施"蓉漂计划"、"蓉城英才计划"和"产业建圈强链人才计划"，对支撑未来产业发展成效明显的科研单位、高校、重点企业、新型研发机构，建立与平台能级、科创投入、成果转化挂钩的人才计划定向单列支持机制，支持用人主体"带指标、带政策"靶向引才。

**激励引导竞相发展未来产业。**鼓励各区（市）县政府（管委会）聚焦未来产业重点培育方向,结合自身未来产业发展重点领域申报未来产业孵化加速园。构建弹性包容的未来产业技术、产品和服务市场监管制度,试点探索"沙盒监管"等创新监管模式。制定未来产业推进工作评估考核办法,对各区(市)县和未来产业孵化加速园工作开展综合评估考核,根据考评结果在市财政支持区域发展重大战略资金中予以激励支持。

提供未来产业高水平智力咨询和专业服务。按照近期、中远期阶段性安排,适时组建细分领域专家委员会,敏锐捕捉产业前沿发展趋势和体现多学科、多领域交叉融合特征的产业新赛道。组织未来产业领域供需对接活动,举办"蓉耀未来"系列高层次研讨会、"蓉耀未来"颠覆性技术大赛等品牌活动赛事,推动天使基金管理机构举办"蓉耀未来"基金专场路演。

# 第六节 《广东省培育未来材料产业集群行动计划》

## 一、政策背景

根据广东省制造强省建设领导小组办公室印发的《广东省培育发展未来产业集群行动计划编制工作方案》有关部署,广东将重点培育发展未来电子信息、未来智能装备、未来生命健康、未来材料和未来绿色低碳 5 个产业集群。未来材料产业集群主要依托广州、深圳、珠海、东莞等地市,重点发展仿生智能材料、先进金属材料、超导材料、纳米材料和新能源材料等。2024 年 2 月,广东省科技厅联合省发展改革委、工业和信息化厅、市场监管局印发《广东省培育未来材料产业集群行动计划》。

## 二、主要内容

仿生智能领域。充分发挥广东省先进制造业优势,依托中国科学院深圳先进院智能仿生研究中心、国家人体组织功能重建工程技术研究中心、国家金属腐蚀控制工程技术研究中心(广东)等重大创新平台及重点企业,推进环境保护、生命健康、智能可穿戴器件、智能涂层材料等仿生智能领域未来材料研发创新与产业化应用,加快仿生智能领域未来材料在生物医疗、通信网络、人工智能、节能环保等领域的示范应用。支持仿生科学与微生物学、工程学、细胞学、材料学等跨学科领域交流,精准构建多尺度宏观/微观材料结构,实现材料的智能化、信息化、结构功能一体化。

**纳米领域。** 重点以广州、深圳、东莞等为核心,支持广东粤港澳大湾区国家纳米科技创新研究院、松山湖材料实验室、大湾区量子科学中心、广东腐蚀科学与技术创新研究院等创新平台和产业孵化平台建设,引进国内外一流的纳米科技人才团队和高端项目,加快关键核心技术突破。加强纳米材料在量子器件、能源催化和存储器件、生物医药等领域的应用,加快量子阱及二维半导体材料、新型拓扑材料、纳米生物医用材料、纳米复合涂料等材料的产业化进程,发挥纳米材料对于量子信息、精准医疗等未来产业的支撑和引领作用。

**超导领域。** 充分发挥重大科技基础设施、省实验室、高水平研究院和新型研发机构等创新资源集聚优势,将超导材料的创新发展与产业发展及国家重大工程需求紧密结合。瞄准中国散裂中子源、质子直线加速器(惠州)、先进阿秒激光设施等重大科技基础设施需要,发展高温超导材料,拓展低温超导材料应用场景。依托松山湖材料实验室等相关重大创新平台建设集超导材料制备、低温保障系统、特殊超导材料制造设备于一体的大型超导材料制备与表征研发平台,加快提升实用化超导材料的规模化制备水平,推动超导材料集聚发展。

**先进金属领域。** 围绕航空航天、交通运输、海洋化工等重要领域需求,加快先进金属领域未来材料的科研创新、技术攻关和应用验证,实现高端和特种金属材料国产替代进口及材料自主研发。加强无序合金、高熵合金、高温合金、金属—陶瓷复合材料等先进金属领域未来材料研发和应用,组织科研院所、高校、企业联合攻关,发展"设计—研发—应用"全链条研究和应用开发模式。鼓励行业上下游企业对接和协同发展,完善产品标准及设计规范体系,提升应用规模和水平。

**新能源领域。** 面向清洁能源发电、新能源汽车、大规模储能、智能电网等领域重大需求,重点发展风电、光伏、核电、新型动力和储能电池、氢能等新能源领域未来材料前瞻技术和应用关键技术。采用先进数

字孪生等先进技术，建设关键材料、重要部件服役环境加速评价平台系统，开展关键材料全寿命周期安全服役研究。强化材料体系研发战略布局与产业创新生态建设，支撑引领新能源产业革新发展。

**材料研发范式及仪器装备领域。**构建高通量材料计算方法及数据库和人工智能赋能材料研发技术，变革未来材料研发范式。围绕未来材料基础与应用基础研究，在极端光学等领域研制一批技术水平领先的高端科学仪器装备及系统，基于先进光源开发具备服役环境的原位表征设备等，打造世界级的未来材料创新基础设施群。推动科研院所与优势企业研制材料设计、表征、制备仪器与生产工艺成套设备，强化材料研发中试放大与应用验证创新链条建设，前瞻布局自主可控产业链。

# 第七节 《江苏省人民政府关于加快培育发展未来产业的指导意见》

## 一、政策背景

未来产业代表新一轮科技革命和产业变革方向，对未来经济社会发展具备重大引领和变革作用。为加快培育发展未来产业，开辟新领域新赛道、塑造新动能新优势，积极把握未来发展主动权、抢占国际竞争制高点，助力建设现代化产业体系、推动高质量发展，2023 年 11 月，江苏省人民政府出台《江苏省人民政府关于加快培育发展未来产业的指导意见》。

## 二、主要内容

**第三代半导体。**高标准建设国家第三代半导体技术创新中心，加快推动碳化硅、氮化镓单晶衬底及外延材料制备技术升级和应用延伸，大力发展电力电子器件、微波射频器件、光电子器件等产品，超前布局发展氧化镓、金刚石等超宽禁带半导体材料，打造国内领先、国际先进的第三代半导体产业高地。

**未来网络。**全面提高未来网络试验设施运行服务能力，加快实现重大价值科技成果转化应用。加快发展高速全光通信、新一代移动通信、算力网络、卫星互联网等领域，构建空天地一体、通感算一体、设施与应用深度融合的未来网络体系。支持南京、苏州打造未来网络新概念、新技术、新应用的发源地和引领者。

**氢能。**围绕推进氢能"制储运加用"全链条发展，充分发挥江苏沿海风电资源集聚优势，着力突破海水制氢等可再生能源制氢关键技术，推动液氢制储运关键技术研发及应用，积极发展石墨烯、高活性轻金属等固态储氢材料及关键技术，大力发展制储氢装备及关键零部件，推动氢燃料电池汽车、氢冶金等场景示范应用，实现多能互补。

**新型储能。**稳妥推进钠镍/钠硫电池、固液混合/全固态锂离子电池及关键材料的低成本、规模化应用，加快提升压缩空气、氢（氨）储能、热（冷）储能等储能技术产业化，探索熔盐储热、飞轮储能、重力储能等前沿技术，加快高比能、高安全、长循环新一代储能电池技术研发，持续提升储能系统集成能力和智慧可控水平，拓展新型储能商业模式。

**细胞和基因技术。**聚焦基因组学、基因测序、基因治疗、细胞治疗等重点领域，突破高通量基因测序仪及配套试剂、载体递送、基因编辑、类器官等关键技术，加快 CAR-T 细胞及干细胞治疗、非病毒载体基因治疗、溶瘤病毒产品研制，鼓励发展类器官芯片、DNA 存储等新技术。深化产医融合发展，支持关键原材料、重要设备耗材等研发创新与产业化应用。

**合成生物。**加速 DNA/RNA 底层技术突破验证和转化扩容，积极发展基于生物信息学和机器学习的 DNA/RNA 自动合成系统，超前布局定量合成、蛋白质设计、细胞设计、高通量筛选等前沿技术，推动合成生物技术在农业、食品、材料等领域的颠覆性创新与工程化应用。

**通用智能。**积极创建国家新一代人工智能开放创新平台、国家新一代人工智能公共算力开放创新平台，加快通用人工智能技术研发及产业化，前瞻布局类脑智能技术，积极开展 AI 大模型技术研究，加快发展人工智能服务业、智能制造业。

**前沿新材料。**面向新一代信息技术、高端装备、新能源等产业快速发展需求，发展粉末冶金、高性能碳纤维及复合材料、纳米材料、石墨烯材料、智能仿生材料、超导材料、超材料等前沿新材料。强化前沿新材料测试评价平台和应用示范平台建设，促进新一代材料与关键装备、

终端产品同步研发、生产、验证和应用，推动一代材料革新一代装备。

零碳负碳（碳捕集利用及封存）。瞄准碳中和愿景下零碳负碳产业发展需求，开展碳捕集、运输、利用、封存、监测等环节关键核心技术攻关，强化系统集成耦合与优化，发挥碳捕集利用及封存技术在能源系统和工业领域的关键减排作用，加快实现低能耗百万吨级碳捕集利用及封存能力。探索二氧化碳低成本捕集，生物转化、液化驱油、矿物封存、有机化学品和燃料制造、高值无机化学品生产等碳利用技术，加快推动新一代低成本、低能耗碳捕集技术研发和商业化应用。

虚拟现实。重点攻关近眼显示、渲染处理、感知交互、网络传输、内容生产、压缩编码、安全可信等关键技术，全面提升虚拟现实关键器件、终端外设、运营平台、应用软件等供给能力，加快工业生产、文化旅游、融合媒体、教育培训、体育健康、商贸创意、演艺娱乐、安全应急、残障辅助、智慧城市等领域应用场景建设。

热 点 篇

第五章

# 未来产业年度热点事件

## 第一节　美国"人造太阳"成功点火持续推进可控核聚变研制进程

### 一、事件回顾

2023 年 10 月，美国国家点火装置（NIF）成功点火两次，即实现可控核聚变净能量增益，让核聚变反应产生的能量多于在这一过程中消耗的能量。至此，美国科学家成功将点火次数增至 4 次。在这些点火实验中，NIF 不仅实现了净能量增益，效率与精度也在不断提高。10 月 30 日的一次实验再刷纪录——输入能量首次达到 2.2 兆焦耳，输出能量达到 3.4 兆焦耳，位列历次点火实验第二，意味着美国向实现数十兆焦耳甚至更高产能的目标又迈进了一步。

### 二、事件评析

NIF 是由美国的劳伦斯·利弗莫尔国家实验室（LLNL）研制的激光器，又被称为"人造太阳"，能模仿太阳中心的温度和压力，用以创造核聚变反应。2022 年 12 月①，LLNL 首次成功实现可控核聚变点火，这是人类有史以来第一次实现核聚变反应的净能量增益，具有重大科学

---

① 本书时间均为当地时间。

意义。面对一次又一次的成功点火，《自然》（*Nature*）杂志发文表示：激光核聚变即将进入一个全新的时代。

NIF 的成功主要取决于以下方面：一是得益于实验室研发的光学回收循环系统，NIF 能在超过其损伤阈值的条件下运行；二是 2023 年 6 月，NIF 完成了两项关键的改进，将由碎片引起的损伤率降至 1/10～1/100；三是团队翻新了设施中的光纤，信号强度直接提高了 10～100 倍，使其更能承受反复的中子泄漏，这些光纤用于精确测量传递给目标的激光脉冲。

能实现净能量增益的核聚变点火实验一次接一次地成功实现，证明了核聚变技术实现的可能性。可控核聚变的实现路径多样，与 NIF 类似的装置如国际热核聚变实验堆（ITER）都被称为"人造太阳"。目前，全球有多个核聚变实验项目正在进行中，国际核能大国分别给出了核聚变能发展规划，在关键节点 DEMO（聚变实验堆）的设计、建造、运行上，美国、欧洲、俄罗斯、日本和印度等国家或地区分别确定为 2035 年左右实现突破的时间规划。中国作为核聚变领域的重要参与者和贡献者，也自主设计建造了多个托卡马克装置，如全超导托卡马克核聚变实验装置（EAST）。

人类对于核聚变的研究和利用已有 70 多年的历史，目前，核聚变仍处于实验阶段，虽然找到了实现净能量增益的方法，但能量出入倍数较低，只有做到 10 倍或者更高倍数，才可能实现发电。2023 年以来，国内外可控核聚变项目加速推进，随着相关技术的突破及资本的涌入，可控核聚变或将走向现实。

## 第二节　特斯拉发布 FSD Beta V12 标志着端到端 AI 自动驾驶实现

### 一、事件回顾

2023 年 12 月 21 日，特斯拉正式向公众发布了完全自动驾驶系统 FSD Beta V12。与之前的版本相比，特斯拉 FSD Beta V12 新增了一项功能，即自动速度偏移调整。这项功能使得特斯拉 FSD 能够借助 AI 视觉技术，根据不同的环境和场景，自主调整车辆的行驶速度。特斯拉在其发布说明中指出："FSD Beta V12 是有史以来第一个端到端的 AI 自动驾驶系统。"

## 二、事件评析

特斯拉海外用户评价，特斯拉的 FSD Beta V12 在无高精地图、无判断代码、仅依赖数据训练的情况下表现优异，如在雨天、无红绿灯路口、无保护左转及应对应急车辆等场景中，都展现出了卓越的性能。具体来说，搭载 FSD Beta V12 的特斯拉能够正确识别红绿灯和道路指示，并按照通行逻辑行驶，它不仅能够遵守基本的交通规则，如路口停车、礼让行人、按照红绿灯信号行驶，还展现出了与人类驾驶者相似的逻辑思维能力；在雨天、黑夜等能见度低的场景仍然可用，即使面临着极大的刮水器工作负荷，在人、车、异形物同时存在的复杂场景也能做出判断。FSD 作为纯视觉、端到端方案的集大成系统，能成功识别并应对有爆闪灯的各类应急车辆，显示出强大的环境感知和应对能力。

FSD Beta V12 的技术进步主要源于以下方面。

一是对 HW4.0 平台进行了更新，这为系统提供了更强大的硬件支持。HW4.0 硬件升级带来了摄像头每秒多 4 帧的帧率，使得系统能够更快速地处理图像数据，提高了对路面细节的识别能力。此外，HW4.0 的算力相比 HW3.0 翻倍，这使得 FSD 能够进行更高效的处理和计算，加快了决策速度。

二是采用了更为海量的数据进行训练。通过数百万个视频训练单个端到端神经网络，FSD 能够更好地适应各种驾驶场景和应对各种复杂情况。这种基于深度神经网络的方法使得 FSD 能够从大量数据中学习到驾驶行为的规律和知识，进一步提高识别和预测能力。

三是采用端到端大模型技术，将感知和规范集成到一个大模型中。这种方案能够提高数据处理的速度和效率，使得系统能够迅速做出判断并控制车辆。通过深度学习和强化学习的方法，FSD 能够不断优化自身的驾驶策略，从而逐渐提高驾驶能力和智能化水平。

四是特斯拉的"影子模式"提供重要支持。通过在用户驾驶过程中采集各类驾驶数据，特斯拉能够获取高价值的各种情况下的数据，从而不断优化 FSD 的性能。这些数据被存储在特斯拉的数据中心中，经过数据引擎的分析和处理后，可作为系统的训练资料，进一步提升 FSD 的准确率和可靠性。

综合来看，特斯拉 FSD Beta V12 为把无限接近人类真实驾驶的端到端大模型智驾技术推向公众提供了可能，是自动驾驶行业的一个里程碑事件。

## 第三节　欧盟通过全球首部 AI 监管法律《人工智能法案》

### 一、事件回顾

2024 年 3 月 13 日，欧洲议会正式投票通过并批准欧盟《人工智能法案》，提到将严格禁止"对人类安全造成不可接受风险的人工智能系统"，包括有目的地操纵技术、利用人性弱点或根据行为、社会地位和个人特征等进行评价的系统等，这标志着欧盟扫清了立法监管人工智能的障碍，对全球范围内的人工智能乃至整个数字经济的发展来说具有非同寻常的重要性。

### 二、事件评析

《人工智能法案》由欧盟委员会于 2021 年 4 月 21 日正式提出，历时近 3 年终于通过，旨在改善欧盟内部市场，促进以人为本、值得信赖的人工智能的应用，同时高度保护健康、安全，以及《欧盟基本权利宪章》规定的基本权利（包括民主、法治和环境保护），使其免受人工智能带来的不利影响，并支持创新。法案为整个人工智能产业链上的相关方提供了一个合规义务框架，以规范人工智能的开发和使用。与欧盟《通用数据保护条例》（GDPR）一样，欧盟正通过其先发优势，尝试为人工智能监管制定全球标准。

欧盟《人工智能法案》被认为是一个全面的监管框架，但它的通过同时引发了公司和监管机构的担忧。一方面，部分公司担心法案约束过紧，阻碍科技革新和市场拓展；另一方面，部分立法者认为该法案还难

以全面防控人工智能衍生的隐患与动荡。同时，人工智能竞争白热化，为了不输给美国的公司，欧盟内部需要平衡技术监管与创新竞争力之间的关系。由于人工智能技术的复杂性和快速发展，欧盟需要不断调整和更新法规，在促使人工智能的使用符合人权和道德准则的同时，确保人工智能的发展能够促进经济增长和创新，助力欧盟的公司在人工智能竞争中拔得头筹。

# 第四节　嫦娥六号实现世界首次月球背面采样并成功返回

## 一、事件回顾

2024 年 5 月 3 日 17 时 27 分，在中国文昌航天发射场，嫦娥六号探测器搭乘长征五号遥八运载火箭，顺利进入地月转移轨道，标志着发射任务取得圆满成功。6 月 2 日 6 时 23 分，借助鹊桥二号中继星，嫦娥六号着陆器和上升器组合体精准降落在月球背面南极—艾特肯盆地预选区域，顺利完成智能快速采样，并将样品安全封装存放在上升器携带的储存装置中。6 月 4 日 7 时 38 分，嫦娥六号上升器携带着月球背面的宝贵样品，自月球表面腾空而起，在 3000N 发动机高效运行约 6 分钟后，精准地进入预定环月轨道。6 月 25 日，嫦娥六号返回器于内蒙古四子王旗的预定着陆区降落，标志着中国探月工程嫦娥六号任务圆满完成，开创了人类历史上首次从月球背面采集样品并成功返回的壮举。

## 二、事件评析

嫦娥六号任务之前，人类共对月球进行了 10 次采样返回，但这 10 次采样返回都是在月球正面。由于月球围绕地球公转的速度和月球自转速度一致，因此月球面向地球的一面是固定的，月球背面也就始终无法被人类直接观测到。因此，月球背面的情况相对月球正面而言，人类知道的更少。到月球背面采样，其价值和意义也就不言而喻，专家介绍，对月球背面进行科学研究，可以更加深入地开展月球背面和正面演化差异的相关研究，深化人类对月球演化历史、太阳系起源等科学问题的认知。

嫦娥六号任务的成功实施，不仅为未来的月球开发奠定了坚实基础，更向世界展示了中国在航天领域的雄厚实力。嫦娥六号采集的宝贵月球样品，将极大地丰富人类对月球的认知资料库，提供重要的数据，深化人类对月球起源和漫长演化历程的理解。此外，嫦娥六号任务推动了国际合作，吸引全球更多的科研力量汇聚一堂，携手推进国际月球科研站项目的落地，拓宽人类探索宇宙奥秘的边界。更为重要的是，嫦娥六号任务的成功将为后续的空天探索和深空导航提供宝贵经验，助力人类迈向更深远的宇宙，开启全新的太空时代。

# 第五节　"星舰"第四次试飞成功实现所有主要目标

## 一、事件回顾

2024 年 6 月 6 日，由 SpaceX 研制的"星舰"进行了第四次试飞，并获得成功。发射地点位于美国得克萨斯州墨西哥湾畔的博卡奇卡"星舰"基地，绕地球飞行不到一圈。"星舰"飞船级（二级）成功进入预定（亚）轨道，并在多块防热瓦脱落及部分结构破损的情况下，成功进行了海面软着陆。超重火箭级（一级）也在使用完毕后以比较理想的垂直姿态，由发动机点火减速，在预定海域低速溅落。两级火箭成功着陆，完成了所有的既定任务和目标，为后续在陆地着陆和复用创造了可能性。

## 二、事件评析

2024 年以来，"星舰"发射取得重大进展。与第三次相比，第四次发射不再重复第三次已成功了的试验项目，而将精力重点放在了"星舰"飞船和超重火箭的完整回收上。从细节上来看，"星舰"虽完成了任务，但并不完美。

第一，超重火箭级（一级）有 33 台"猛禽"（Raptor）发动机，但是在"星舰"升空和超重火箭回收时，均有一台没有点火。发动机未点火之类的故障，大概率和"星舰"的软件或硬件有关，超重火箭级（一级）的发动机数量多、布局复杂，若下次试射时，更多的发动机出现故

障,火箭出现事故的概率就会明显增加。本次失误虽没有影响到本次的升空过程和回收,但后续仍需分析研究其原因。

第二,"星舰"飞船翼面明显被严重烧灼,靠着几个"身残志坚"的翼面勉强完成了自己的职责,最终以一个不太完美的姿态落入水中。从回传画面来看,"星舰"飞船级(二级)在进入大气层时与大气发生了剧烈摩擦。即使有 SpaceX 精心研制的防热瓦(TUFROC)做保护,翼面还是几乎被烧蚀穿透,"星舰"飞船的其中一个襟翼明显被严重烧灼,损伤超出预期。但比起之前几次试射全部"放了烟花",本次已经有巨大进步。

"星舰"是体积大、推力强的运载火箭。目前"星舰"完成的任务叫作"大气层轨道发射","星舰"飞船只沿着特定轨道飞行半个地球的距离,这远远不是马斯克的最终目标。10 月 13 日,"星舰"实施第五次试飞。火箭助推器在降落时由发射塔上被称作"筷子"的机械臂"夹住",首次实现在半空中捕获回收;飞船溅落在印度洋。

11 月 19 日,"星舰"完成第六次试飞。火箭助推器未按计划返回发射塔回收,而是溅落在墨西哥湾;飞船首次在太空中成功启动"猛禽"发动机。

# 第六节　清华大学首次实现基于数百离子量子比特的量子模拟计算

## 一、事件回顾

2024 年 5 月,清华大学段路明研究组在量子模拟计算领域取得了重要突破,相关成果发表在《自然》(*Nature*)杂志上。研究组首次实现了 512 离子二维阵列的稳定囚禁冷却和 300 离子量子比特的量子模拟计算,实现了国际上规模最大的具有单比特分辨率的多离子量子模拟计算。

## 二、事件评析

段路明研究组的这项突破性成果被《自然》(*Nature*)杂志的审稿

人称为"量子模拟领域的巨大进步"和"值得关注的里程碑",显著提升了离子量子比特系统的规模,为未来的大规模量子计算和量子模拟奠定了重要基础。

该研究探索了量子相变和量子纠缠等复杂现象,为解决优化问题和搜索问题提供了新途径。研究中观察到的空间相关性和对横场 Ising 模型淬灭动力学的成功探测,不仅为量子模拟的准确性提供了有力证据,还在量子采样任务中具有里程碑意义。此外,这项研究为使用二维离子阱量子模拟器运行 NISQ(含噪声中等规模量子计算)算法奠定了基础,为未来解决更复杂的量子计算问题提供了可能,推动了量子模拟技术的发展,并为量子计算的未来应用开辟了新前景。

# 第七节　OpenAI 发布文生视频大模型 Sora

## 一、事件回顾

2024 年 2 月,OpenAI 发布文生视频大模型 Sora,在科技圈引起轰动。Sora 能够根据文字描述生成长达 60 秒的高质量视频,远超行业平均 4 秒的视频生成长度。该模型具备以下主要能力:根据文本生成长达 60 秒的高保真视频;生成包含多个角色、复杂场景和运镜的视频;深度理解语言并生成富有情感的角色;在单个视频中创建多个镜头;用静态图像生成动态视频;模拟真实物理世界的运动。Sora 的出现标志着视频生成技术的重大突破,预示着一个全新的视觉叙事时代的到来。

## 二、事件评析

Sora 的强大功能源于其独特的技术架构和训练方法。OpenAI 在不同持续时间、分辨率和纵横比的视频及图像上联合训练了以文本为输入条件的扩散模型。开发人员引入了 Transformer 架构,该架构可对视频的时空序列包和图像潜在编码进行操作。这种方法使 Sora 能够处理各种类型的视觉数据,实现了对生成式模型的大规模训练。

Sora 的核心创新点包括:将可视数据转换成数据包,借鉴了大语言模型的成功经验;使用视频压缩网络降低视觉数据的维度;采用时空包

的概念，使模型能够跨越不同持续时间、分辨率和纵横比的视频及图像进行训练；利用扩散模型和 Transformer 架构实现高质量的视频生成。然而，Sora 仍存在一些局限性。例如，它在模拟某些复杂的物理过程时可能不够准确，在长时间视频中可能出现一致性问题。尽管如此，业界普遍认为 Sora 代表了视频生成技术的重大进步，为未来的应用开辟了新的可能性。

Sora 的发布引发了广泛讨论。马斯克评论称："AI 增强的人类将在未来几年里创造出最好的作品。"英伟达 AI 研究员 Jim Fan 将 Sora 描述为"数据驱动的物理引擎"。YouTube 大 V Paddy Galloway 则预测 Sora 将彻底改变内容创作行业。同时，也有专家（如纽约大学教授 Gary Marcus）指出了 Sora 可能面临的挑战，特别是在处理复杂物理交互时的局限性。

综合来看，Sora 的出现标志着 AI 在视觉内容生成领域迈出了重要一步，它不仅展示了 AI 技术的巨大潜力，也为未来的创意表达和内容制作提供了新的可能性。随着技术的不断进步，我们可能看到更加先进的视频生成技术，更准确地模拟现实世界中的各种现象和行为，有更加逼真、自然的视觉体验。

## 第八节　OpenAI 与 Figure AI 合作开发下一代人形机器人

### 一、事件回顾

2024 年 3 月，人工智能领域的巨头 OpenAI 和 Figure AI 宣布达成战略合作，共同开发下一代具身智能大模型。作为一家成立仅两年的公司，Figure AI 此前已完成 B 轮 6.75 亿美元的融资，投资方包括多个科技巨头，迅速成长为机器人领域的独角兽企业。公司主要开发自主通用型人形机器人，其愿景是解决劳动力短缺问题，代替人类完成不受欢迎或危险的工作。Figure AI 已经展示了其首款产品 Figure 01 的进展，该机器人采用了先进的端到端神经网络框架，具备多模态交互能力，能够理解人类的自然语言指令，执行具体任务，并进行环境感知与推理决策。

## 二、事件评析

OpenAI 与 Figure AI 的合作标志着人工智能与机器人技术的深度融合进入新阶段，其重要性体现在以下几个方面。

一是此次合作整合了双方的优势资源。OpenAI 提供了先进的多模态大模型支持，极大地提升了 Figure 01 的智能交互能力。同时，Figure AI 在硬件研发和机器人控制方面的专长，为 OpenAI 的 AI 模型提供了实体应用平台，这种优势互补有望加速 AGI（通用人工智能）的实现进程。

二是合作加速了人形机器人的商业化进程。Figure AI 计划首先在制造业、物流业等劳动力短缺严重的行业应用其技术。公司已经与宝马达成合作，将其 AI 与机器人技术融入实际汽车生产流程中。OpenAI 的加入将进一步提升 Figure 01 的语言处理和推理能力，有望推动人形机器人更快地走进家庭和商业环境。

三是 Figure AI 的快速崛起反映了投资者对具身智能未来发展的巨大信心。科技巨头的参与不仅为 Figure AI 提供了资金支持，也为公司带来了宝贵的技术资源和行业关系。

目前，人形机器人的开发仍面临硬件研发、高质量数据获取、AI 模型训练等方面的技术难题。同时，如何在保证安全性的前提下提高机器人的工作效率，以及如何解决可能出现的伦理问题，都需要进一步探索。综合来看，OpenAI 与 Figure AI 的合作代表了 AI 与机器人领域的一次重要突破，有望推动具身智能和 AGI 的发展。它预示着未来 AI 与机器人技术的深度融合将为各行各业带来革命性变化，同时也需要关注这一技术发展可能带来的社会影响和伦理问题，确保其发展方向符合人类利益。

# 第九节  哈佛大学与 DeepMind 实现"AI 大脑"控制虚拟鼠模型

## 一、事件回顾

2024 年 6 月，哈佛大学的研究人员与谷歌 DeepMind AI 实验室合作，开发出了一种虚拟鼠模型，用于研究大脑如何控制真实老鼠的运动，并在《自然》（*Nature*）杂志上发表了题为 "A virtual rodent predicts the structure of neural activity across behaviors" 的重磅论文。他们利用 MuJoCo 物理模拟器和运动模仿与控制（MIMIC）管道，训练人工神经网络（ANN）模仿老鼠的行为。通过将虚拟鼠模型与真实老鼠的神经活动进行比较，研究人员发现虚拟鼠模型能够准确地模拟在真实老鼠身上所观察到的神经活动。

## 二、事件评析

该项研究对于理解大脑如何控制复杂运动具有重要意义，主要创新点和价值包括以下方面。

开发高度逼真的虚拟鼠模型，结合无标记 3D 姿态估计和深度强化学习等先进技术实现逆动力学模型。其输入为真实动物的未来运动参考轨迹和当前身体状态，输出为实现预期状态所需的动作，研究人员可以根据相关数据比较虚拟鼠模型与真实老鼠的神经活动。

扩展计算神经科学中利用人工神经网络解释大脑神经活动的研究范围，为探索复杂动物行为的神经控制机制开辟了新路径。这种方法不仅能描述行为，还能因果性地生成行为，从而更深入地理解大脑功能。

为未来研究一些实验中难以直接获知的神经机制提供了可能，如运动控制中的时滞影响、不同层次的噪声效应等。虚拟动物可以作为虚拟神经科学的平台，模拟实验难以推断的变量对神经活动和行为的影响。

对开发先进的假肢、脑机接口及治疗运动障碍等应用领域具有重要启示。通过重建神经回路这项研究获得的见解可能带来治疗运动障碍的新方法。

未来，研究人员计划让虚拟鼠模型自主解决真实老鼠遇到的问题，进一步加深对大脑技能习得算法的理解。科学家还可能构建受大脑启发的网络架构，从而提高性能和可解释性，并探讨特定网络结构和神经机制在行为计算中的角色。这项成果标志着虚拟神经科学新时代的开始，为神经科学和人工智能的交叉领域开辟了新的研究方向，有望在未来相关研究中发挥重要作用，推动人们对大脑功能的理解不断深入。

# 通用人工智能篇

第六章

# 通用人工智能

大模型是通用人工智能的重要突破口。人工智能大模型作为人工智能预训练模型的简称，是"大数据+大算力+强算法"的创新产物。大模型底层通常采用 Transformer 架构，借助 RLHF（基于人类反馈的强化学习）和 PEFT（参数高效微调）等框架和工具，通过对海量数据进行学习来实现知识表示和多模态对齐。目前千亿级参数规模的主流大模型通常需要数万个图形处理单元（GPU）来进行分布式训练，当模型参数规模和算力水平达到一定阈值时，大模型就会呈现出"智能涌现"现象，在语言理解、内容生成和逻辑推理等多方面通用能力上表现出色，具备多场景通用、泛化性强和可规模化复制等诸多优势。

## 第一节　发展情况

2023 年，以人工智能大模型为代表的通用人工智能被业界视为通用人工智能发展的开端。大模型的突破性进展极大地促进了人工智能产业的高速增长，深度赋能垂直行业和前沿领域，推动人工智能迈入通用人工智能新阶段，为新型工业化建设和经济高质量发展注入了强大动力。

**人工智能产业规模呈快速增长态势。** 据 Fortune Business Insights（财富商业洞察）公司的数据，2023 年全球人工智能市场规模为 5153.1 亿美元，预计 2032 年将增长到 27404.6 亿美元，年复合增长率约为 20%。据工业和信息化部的数据，截至 2023 年年底，中国人工智能核心产业规模逼近 5800 亿元，构筑起京津冀、长三角、珠三角三大集聚发展区，汇集逾 4400 家核心企业，稳居全球第二。据沙利文咨询的数据，2022 年中国人工智能市场规模为 3716 亿元，预计 2027 年将达到 15732 亿元（见图 6-1），有望在下游金融、制造、交通、医疗等多领域不断渗透，实现规模化落地应用。

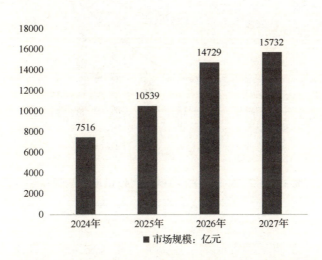

**图 6-1　2024—2027 年中国人工智能市场规模预测**
（数据来源：赛迪智库整理）

**中国大模型数量快速增长。**2020 年，中国大模型市场规模为 15 亿元，2022 年达到 70 亿元，预计 2028 年将达到 1179 亿元，如图 6-2 所示。截至 2024 年 8 月，共有 188 个大模型在国家网信办完成了备案，如百度的文心一言、抖音的云雀大模型、阿里巴巴的通义千问大模型、腾讯混元助手大模型、商汤的日日新、月之暗面的 Moonshot、智谱清言（ChatGLM）、稀宇的 abac、深度求索的求索对话 DeepSeek Chat、快手可图大模型、生数的 UniDiffuser 多模态大模型、美团大模型"通慧"、滴滴出行大模型、阅文妙笔、爱奇艺 AI 对话产品、贝壳梦想家大模型等。基于 2200 家人工智能骨干企业的关系数据量化分析表明，中国人工智能已广泛赋能智慧金融、智慧医疗、智能制造、智慧能源等 19 个应用领域。大模型正成为前沿领域研究的重要工具。在新材料领域，中国已有科研团队使用 MatChat 大模型预测无机材料的合成路径；在生物医学领域，百度智能云大模型可用于提高药物研发效率和新药开发的准确性；在能源科学领域，由百度和国网智能电网研究院（已更名为"全球能源互联网研究院"）共同开发的电力行业自然语言处理（NLP）大模型，可有效提升电力系统的自动化和智能化水平。

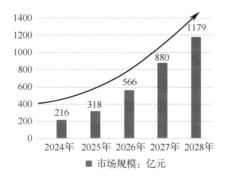

图 6-2　2024—2028 年中国大模型市场规模预测
（数据来源：赛迪智库整理）

**产业体系初步呈现为基础、中间和应用 3 层架构。** 在基础层方面，预训练模型需要大量的数据、算力和专业技术，研发成本高昂，进入门槛较高。因此，目前投身于预训练模型领域的主要是头部科技企业和顶尖科研机构。在美国，OpenAI、Stability AI 等公司处于基础层。OpenAI 主要通过对受控应用程序接口（API）调用收费实现盈利，而 Stability AI 则以开源基础版吸引开发者，再通过销售专业版和定制版获利。在中间层方面，在预训练模型基础上根据特定行业、场景和功能需求，快速抽取并微调出定制化的小模型。工业流水线式的模型部署方式，既能满足不同领域的应用需求，又兼具按需使用、高效经济的优势。随着大模型和多模态模型的发展，MaaS（模型即服务）正在成为现实，预计将对商业领域产生深远影响。例如，在 Stable Diffusion 开源后，出现了大量基于其开源模型的二次开发，训练出了 Novel AI 等有特定风格的垂直领域模型和各类角色生成器。在应用层方面，以面向用户的大模型内容生成服务为主，包括文字、图像、音/视频等。应用层的重点是无缝连接大模型和用户需求，促进大模型的产业化落地。目前，各类贴近用户的大模型应用已逐渐开始落地，形式涵盖网页应用、本地程序、移动端小程序、群聊机器人等，甚至出现了利用大模型定制化生成内容并提供消费服务的商业模式。

## 第二节 发展特点

### 一、发展基础逐步坚实

通用人工智能发展要素保障情况较好。在算力层面，算力供应基本覆盖全国，算力结构不断优化。截至 2024 年 9 月，中国算力总规模位居世界前列，达到 246EFLOPS（训练完成所需算力估算），以京津冀、长三角等 8 个区域为算力枢纽，形成东部沿海地区密集、中西部地区均匀的布局。在算力结构层面，智算设施成为算力设施主流类型，新增算力设施中，智算设施超半数。在算力芯片层面，华为昇腾、寒武纪等国产芯片公司成长迅速，多元异构计算技术加速普及。在算法方面，关键共性技术快速追赶领先国家。在专利层面，中国在存储、计算、机器学习、自然语言处理、计算机视觉等技术领域的专利数量处于全球领先地位。在科研机构层面，清华大学、上海交通大学等国内知名高校设立人工智能研究院，聚焦人工智能跨学科交叉融合。在通用人工智能代表技术大模型算法层面，发展迅速，百度的文心一言、阿里巴巴的通义千问、澜舟科技的孟子 GPT、昆仑万维的天工等大模型问世，多模态大模型和通用大模型雏形处于探索演化阶段。在算据层面，数据开放和流通的水平不断提升。在基础设施层面，数据中心主要集中在西南部地区，四川、重庆、内蒙古等地稳步推进数据中心建设。在公共数据开放层面，政府加快跟进通用人工智能发展所需的数据资源支撑，截至 2024 年 7 月，中国已有 243 个省级和城市的地方政府上线了数据开放平台，可用数据集过万个。在数据交易层面，截至 2024 年 8 月，中国数据交易所已有 65 家，主要集中在京津冀、珠三角、长三角、中西部经济发达地区。

### 二、政策驱动效应显著

多地政府布局重点各有侧重。2024 年《政府工作报告》提出开展"人工智能+"行动。随着大模型技术的快速发展，各地政府积极出台相关支持政策，以加速大模型产业的不断前行。北京、深圳、杭州、成都、安徽、上海等地均已发布 AI 大模型相关政策。具体而言，北京致力于推进大模型相关技术创新，构建高效协同的大模型技术产业生态；深圳重点支持构建基于国内外芯片和算法的开源通用大模型，支持重点企业持续进行研发和迭代商用通用大模型；杭州支持头部企业开展多模态通用大模型关键技术攻关，鼓励中小企业在垂直领域深耕做精专用模型；成都着力推动大模型相关技术创新，重点研发和迭代 CV（计算机视觉）大模型、NLP 大模型、多模态大模型等通用大模型，以及医疗、金融、商务、交通等行业大模型；安徽从资源侧发力，吸引大模型企业入驻；上海着重打造具有国际竞争力的大模型。

## 三、部署模式逐步成熟

**大模型的部署模式主要分为云端和端侧两大类，各自在技术特点和应用场景上展现出独特的优势。**云端大模型凭借其庞大的参数规模和丰富的算力资源，能够满足海量数据存储和复杂任务处理的需求。与之相比，端侧大模型则以其较小的参数规模、本地化运行能力和较强的隐私保护功能而备受青睐，为用户提供更加个性化和便捷的智能服务体验。进一步细分，云端大模型可划分为通用大模型和行业专用大模型两种类别。通用大模型的训练数据涵盖多个领域，具有广泛的适用性，能够应对多样化的任务需求，展现出较高的普适性和灵活性。相较而言，行业专用大模型则聚焦于特定行业，如金融、医疗、政务等，通过有针对性的数据训练和模型优化，这些大模型在特定领域内展现出更为深入的业务理解和场景应用能力，能够为行业用户提供更加精准和高效的智能化解决方案。

**中国大模型正处于蓬勃发展阶段。**随着科大讯飞、百度、阿里巴巴等科技巨头纷纷推出自己的大模型并实现商业化应用，无论是通用大模型、行业专用大模型还是端侧大模型，都在金融、医疗、政务等多个领域取得了显著成效。大模型的应用有效提升了行业的服务质量和运营效率，为产业数字化转型注入了新的动力。具体来看，在通用大模型领域，代表性产品包括科大讯飞的星火认知大模型、百度的文心一言及阿里巴巴的通义千问大模型等。大模型展现出强大的语言理解和生成能力，能够广泛应用于智能客服、知识问答、内容创作等场景。在行业专用大模型方面，蜜度的文修智能校对大模型、容联云的赤兔大模型和用友的YonGPT 大模型等则聚焦于智能校对、呼叫中心和企业服务等特定领域，为行业用户提供定制化的智能应用。此外，维沃的 vivo 蓝心大模型等端云结合大模型充分利用了云端强大的算力和端侧本地化部署的优势，而蔚来的 NOMI GPT 大模型等终端大模型则通过技术创新和应用探索，进一步拓展了端侧 AI 的应用边界。

# 第三节　重点企业

## 一、百度

百度是全球最大的中文搜索引擎之一、最大的中文网站之一，于2000 年 1 月创立于北京中关村。基于搜索引擎，百度孕育出语音识别、图像分析、知识图谱构建、自然语言处理等人工智能技术。2023 年 3月，百度正式推出人工智能大模型——文心一言。文心一言目前主要展现出文学创作、商业文案创作、数理逻辑推算、中文理解和多模态生成五大功能。2023 年 10 月，强大的文心大模型 4.0 版正式发布，基础模型全面升级，在理解、生成、逻辑和记忆能力上均展现出质的飞跃。截至 2024 年 11 月，文心一言的累计用户规模达 4.3 亿名。

百度于 2024 年 2 月 28 日发布了 2023 年业绩公告。公告显示，百度 2023 年总营收达 1345.98 亿元，较 2023 年同期的 1236.75 亿元增长9%；归属百度的净利润（非通用会计准则）为 287.47 亿元，较 2023年同期的 206.8 亿元增长 39%。2024 年 9 月，百度 App 月活跃用户达到 7.04 亿名。截至 2024 年 10 月 28 日，萝卜快跑总服务量超 800 万单；2024 年第三季度，萝卜快跑服务单数同比增长 20%，至 98.8 万单。

**AI** 领域的深耕和创新持续推动公司的技术进步和产业智能化升级。2023 年 10 月，百度在以"生成未来"为主题的百度世界大会上强调了"重构"的概念，展示了从搜索引擎到全流程 AI 解决方案的转变。百度的 AI 布局涵盖了语音识别、自然语言处理、图像识别、智能驾驶等多个方面，致力于通过 AI 技术为社会创造更多价值。截至 2023 年年底，百度的 AI 全领域专利申请量近 2 万件，中国专利申请量为 7000 多件，位列中国第一，并在多个细分领域排名国内第一。在会上，百度还发布了人才培养星河计划，目标是为社会再培养 500 万名大模型人才，推动 AI 技术深入各行各业。

**AI 全栈布局和自研技术为其在智能化升级中提供了坚实基础。** 百度在 AI 芯片、深度学习框架、预训练大模型等方面拥有关键技术，实现了"芯片—框架—模型—应用"的全栈优化。昆仑芯作为百度自研的 AI 芯片，已经实现大规模出货，而飞桨深度学习框架则凝聚了超过 500 万名开发者。百度的文心一言在多个领域展现出强大的应用潜力。未来，百度计划将文心一言与搜索、智能云、Apollo 自动驾驶、小度智能设备等业务整合，推动 AI 技术的商业化应用。此外，百度还通过 BV（百度风投）基金投资 AI 相关产业，推动 AI 技术的创新和行业的发展。

## 二、智谱

智谱是一家大模型创业企业，总部位于北京。智谱成立于 2019 年，由清华大学知识工程研究室（KEG）的技术成果转化而来。其核心团队来自清华大学计算机科学与技术系，包括 CEO 张鹏和一些研究成员。智谱在大模型研究领域备受关注，其团队在中英文跨语言知识图谱平台 XLORE 等方面取得了突破，团队核心成员曾参与清华大学与智源研究院合作项目悟道的研发工作。智谱的技术能力涉及自然语言处理、语音识别、计算机视觉等领域，并已经取得一些突破性的成果。2024 年 1 月 16 日，智谱发布了全新自研的第四代多模态基座大模型 GLM-4 系列，称性能相比上一代全面提升接近 60%、直接逼近 GPT-4，中文能力甚至超过了 GPT-4，同时智谱 AI 还联合生态伙伴发起大模型创业基金"Z 计划"，总规模达 10 亿元。另外，该公司也进行商业化探索，打造 AGI 产品矩阵，包括已获批上线的智谱清言、高效率代码模型 CodeGeeX 等平台。

智谱在过去几年中进行了多轮融资，2024 年 6 月 2 日完成新一轮融资，投资方为中东石油巨头沙特阿美（Aramco）旗下风险投资部门管理的基金 Prosperity7，本轮融资金额达 4 亿美元，智谱估值达到约 30 亿美元。公司现有投资方包括美团、阿里巴巴、蚂蚁集团、腾讯、小米、金山、顺为资本、BOSS 直聘、好未来、红杉中国和高瓴等。

**加强技术研发，提升核心竞争力。**智谱将进一步加大在自然语言处理、语音识别、计算机视觉等领域的研发投入，提升自主创新能力和核心竞争力。同时，公司将积极引进和培养高水平的人才，更加注重人才培养和团队建设，通过引进和培养高水平的人工智能技术人才和管理人才，提升公司的整体实力和竞争力，构建更加完善的技术团队和研发体系。公司将不断提升产品质量和服务水平，加强品牌建设，提高市场占有率。公司还将继续优化现有产品的性能和功能，并开发更多具有创新性和前瞻性的产品，以满足不断变化的市场需求。

**拓展应用场景和市场，推动产业升级和转型。**智谱将进一步扩大人工智能技术的应用范围，拓展新的应用场景和市场。例如，公司将继续推进人工智能技术在教育、医疗、智慧城市等领域的应用，并探索在金融、能源等行业的创新应用。同时，公司将积极参与人工智能产业的升级和转型，推动人工智能与其他产业的融合和创新。公司将继续与政府、企业等合作，共同制定相关政策和标准，促进人工智能产业的规范化发展。

**加强交流与合作，拓展海外市场。**智谱将积极与其他企业、研究机构等合作，共同构建人工智能产业生态圈。通过合作，公司将能够更好地整合资源、共享技术成果，推动人工智能技术的快速发展和应用。同时，公司将进一步扩大海外市场，提升中国人工智能技术的国际化发展能力。公司还将继续参与国际人工智能领域的合作与交流，并探索在海外设立分支机构和开展合作项目，以提升公司的国际影响力。

# 第四节　重点学院

## 一、清华大学人工智能学院

清华大学在人工智能人才培养和科学研究方面积淀颇丰，是国内最早系统开展人工智能研究的单位之一。学校于 1978 年建立"人工智与智能控制"教研组，于 1985 年成立国内第一个智能机器人实验室，于 1990 年建成全国首个以"智能"命名的国家重点实验室。清华大学先后成立了脑与智能实验室、未来实验室、人工智能研究院、人工智能国际治理研究院、智能产业研究院，构筑了覆盖人工智能全域的战略矩阵，为推动新一代人工智能的发展铸就了稳固基石。

清华大学人工智能学院成立于 2024 年 4 月，由计算机科学最高奖"图灵奖"得主、中国科学院院士姚期智先生领导，致力于人工智能前沿创新研究及顶尖人才培养，目标为实现人工智能核心基础、底层架构和未来计算模式的重大创新突破，建成世界一流的汇聚及培养顶级人工智能人才的大基地。

清华大学人工智能学院立足国家战略布局，创新人才引进机制，吸引汇聚顶尖人才；创新人才培养模式，构建以人工智能基础理论人才为主、兼顾"人工智能+X①"复合型人才的培养体系；实现基础研究和关键核心技术的突破，夯实中国新一代人工智能发展的基础；实现成果应用转化的突破，让人工智能更好地赋能千行百业；坚持高水平对外开放，打造人工智能领域的高端国际交流合作品牌；发挥引领作用，依托清华大学的综合学科优势和北京的产业发展优势，建成世界顶尖的人工智能人才高地和创新高地。

## 二、哈尔滨工业大学人工智能研究院

哈尔滨工业大学人工智能研究院成立于 2018 年 5 月，是为进一步整合人工智能相关领域资源，推动人工智能技术进步及应用发展而成立的研究院。作为国内人工智能领域的先行者，其成立背景深植于国家科技创新和地方经济发展的战略需求。在手写文本图像识别、语句级拼音输入法、机器翻译等领域取得的一系列广泛应用成果，以及为人工智能领域输送的大批优秀人才，充分展现了哈尔滨工业大学在人工智能领域的深厚底蕴和卓越成就。人工智能研究院的成立，是哈尔滨工业大学响应国家新一代人工智能发展规划，抢抓人工智能发展重大战略机遇的具

---

① 本书此类变量用正体，与政府部门写法保持一致。

体行动，旨在通过整合校内外优势资源，打破学科壁垒，促进学科交叉融合发展，力争成为国内领先、国际有影响力的人工智能研究机构。

**人工智能研究院致力于构建学科交叉培养模式，推行全方位、立体化的国际化学习环境。**人工智能研究院依托一校三区的基础研究优势、地域优势、产业优势和资金优势，不断探索具有哈尔滨工业大学特色的交叉型科学研究和创新型研究生培养模式。通过打造国际一流的科研平台，开展人工智能基础研究和"人工智能+"赋能应用研究。人工智能研究院已经建立了脑科学与类脑智能、感知智能、认知智能等多个研究中心，形成了以人工智能示范工程为引领的"AI+"赋能创新落地模式。此外，研究院与百度、阿里巴巴、腾讯、科大讯飞等知名企业建立了深度合作关系或联合实验室，共同开展学术交流、科研攻关和人才培养，为学生提供了国际化的实践平台和交流机会，全面提升学生的国际视野和创新能力。

## 三、中国科学院大学人工智能学院

中国科学院大学人工智能学院作为中国人工智能领域首个全面开展教学和科研工作的新型学院，自 2017 年 5 月 28 日成立以来，一直秉承着中国科学院大学"科教融合、育人为本、协同创新、服务国家"的办学理念。人工智能学院由中国科学院自动化所牵头，协同计算所、沈阳自动化所、软件所、声学所、深圳先进技术研究院、数学与系统科学研究院、重庆绿色智能技术研究院等多家单位共同参与，组建了一支教学和科研实力雄厚的团队。

人工智能学院下设模式识别与机器感知、人工智能基础、语言与知识处理、智能机器人、复杂系统智能 5 个教研室，拥有包括中国科学院院士、国家人才计划入选者、国家青年人才计划入选者、电气电子工程师学会（IEEE）Fellow 在内的 59 位专任教师。教师队伍不仅在学术界享有盛誉，还在科研实践中具有丰富的经验，为学生提供了高质量的教学服务和指导。在科研平台方面，人工智能学院拥有模式识别国家重点实验室、复杂系统管理与控制国家重点实验室、国家专用集成电路设计工程技术研究中心、中国科学院分子影像重点实验室等重要研究机构。这些平台为人工智能学院的科研工作提供了强有力的支持，同时也为学生的科研实践和能力培养提供了广阔的空间。

人工智能学院坚持面向国际科学前沿，聚焦人工智能领域的核心科学问题和关键技术，形成了科研、教育、产业深度融合的教育科研体系。人工智能学院积极响应国家《新一代人工智能发展规划》的要求，加强产学研合作，探索人工智能高端人才培养新策略，如设立了华大专项计划，在电子信息领域招收及培养"人工智能+生命科学"领域的复合型创新人才。这一举措不仅拓宽了人工智能专业教育内容，形成了"人工智能+X"复合专业培养新模式，还为学生提供了与企业紧密合作的机会，增强了学生的实践能力和就业竞争力。

# 第五节　重点机构

## 一、之江实验室

之江实验室成立于 2017 年 9 月，坐落于杭州城西科创大走廊核心地带，是由浙江省人民政府主导创办、浙江大学等院校支撑、企业参与的事业单位性质的新型研发机构，是浙江深入实施创新驱动发展战略、探索新型举国体制浙江路径的重大科技创新平台。之江实验室以"打造国家战略科技力量"为使命，主攻智能计算、人工智能、智能感知、智能网络和智能系统五大科研方向，重点开展前沿基础研究、关键技术攻关和重大装备系统研发，致力于建设国际一流的智能感知研究与实验中心、人工智能创新中心、智能科学与技术研究中心和全球领先的智能计算基础研究与创新高地。

**智能计算。** 之江实验室瞄准世界科技前沿和国家重大战略需求，研究存算一体、类脑计算、光计算、图计算、生物计算等新型计算模型和器件，研制系列智能计算机，研发智能计算操作系统、广域协同平台、图计算平台等软件系统和平台，构建智能计算数字反应堆，探索"计算+"赋能科学研究应用领域，推动科研范式变革，为数字中国的科技创新体系和产业发展体系提供先进的计算芯片、强大的计算能力、高效智能的计算平台。

**人工智能。** 之江实验室围绕创建类人智能理论体系，建立通用智能数学模型与算法理论、主动感知及计算理论、以知识理解为核心的认知计算理论、多模态智能融合计算理论及统一表征理论和模型，研究人机协同计算方法及新型混合计算架构等新型人工智能方法，突破人机增强智能、跨媒体智能、群体智能和大数据智能等方向的关键核心技术，构建人类智能知识库系统，开发人工智能算法与平台，探索建立数据和知识双轮驱动的人工智能理论和方法体系，构筑人工智能先进算法与应用生态，推动新一代人工智能的发展。

**智能感知**。之江实验室围绕多维感知融合、类人感知、极限感知的需求，全面研究智能感知的机理和方法，突破高性能高分辨率传感器件和芯片、极限精密测量、类人智能感知、泛在智能健康感知、超灵敏环境感知、多维数据智能融合处理等关键技术，建设感知领域跨学科、软硬协同、标测结合的多维智能感知中枢重大科技基础设施，打造世界领先的智能感知理论、技术和生态体系。

**智能网络**。之江实验室围绕新型网络、宽带通信、工业互联网安全、网络器件与晶上系统等研究方向，研究并攻克智能网络基础理论、新型网络体系架构等关键科学与技术问题，重点突破全维可定义智信网络、多模态寻址路由、网络智慧共管、高速光电太赫兹通信、硅光高速互联、晶上系统集成等关键技术，建设新一代工业互联网信息安全大科学装置，输出一批业界领先的核心技术、关键产品与解决方案，打造功能、拓扑、标识、安全等全维可定义的新型网络体系结构与平台。

**智能系统**。之江实验室面向数字经济、社会治理等经济社会的发展需求，全面攻克自主无人系统、健康医疗、智能社会治理、智慧教育、金融科技、科艺融合等各类典型智能系统的关键技术和工程实现方法，研发智能系统共性关键技术与应用平台，打造广域协同、普惠泛在、随需接入的高效能智能系统，支撑智慧时代新型数字基础设施建设和战略性新兴产业发展。

## 二、智源研究院

智源研究院是为了落实"北京智源行动计划"的重要举措，在科技部和北京市委市政府的指导和支持下，于 2018 年 11 月由北京市科委携手海淀区政府推动成立的新型研发机构。智源研究院的任务包括引进培育高端人才、共建联合实验室、建设人工智能社区、加强产学研合作等。该研究院实行理事会领导下的院长负责制。

智源研究院的主要愿景是聚焦原始创新和核心技术，推动北京成为全球人工智能学术思想、基础理论、顶尖人才、企业创新和发展政策的源头，支撑人工智能产业发展，促进人工智能深度应用，改变人类社会生活。作为创新型研究院，智源研究院采用集中力量办大事、青年人才挑大梁、开放生态育创新的独特智源模式。通过智源学者、智源大会、智源社区、青源会等平台，构筑涵盖产学研用的内行生态圈，汇集学者和全职研究与工程团队，致力于打造全球顶尖的人工智能研究机构。

**低碳单体稠密万亿语言模型 Tele-FLM-1T**。针对大模型训练算力消耗高的问题，智源研究院联合中国电信人工智能研究院（TeleAI）依托模型生长和损失预测等关键技术，合作研发并推出全球首个低碳单体稠密万亿语言模型 Tele-FLM-1T。该模型与百亿级的 52B 版本、千亿级的 102B 版本共同构成 Tele-FLM 系列模型。Tele-FLM 系列模型实现了低碳生长，仅消耗业界普通训练方案 9%的算力资源，利用 112 台 A800 服务器，用 4 个月完成 3 个模型总计 2.3T Tokens（训练集）的训练。模型训练全程做到了零调整、零重试，算力能效高且模型收敛性和稳定性好。目前，Tele-FLM 系列模型已经全面开源了 52B 版本，核心技术（生长技术、最优超参预测）、训练细节（Loss 曲线、最优超参、数据配比和 Grad Norm 等）均开源。

**原生多模态世界模型 Emu3**。为了实现多模态、统一、端到端的下一代大模型，智源研究院推出了原生多模态世界模型 Emu3。Emu3 采用智源自研的多模态自回归技术路径，在图像、视频、文字上联合训练，使模型具备原生多模态能力，实现了图像、视频、文字的统一输入和输出。Emu3 从模型训练开始就是为统一的多模态生成和理解而设计的，已具备生成高质量图片和视频、续写视频、理解物理世界等多模态能力。

**多模态具身导航大模型 NaVid**。该模型可直接将机器人视角的视频和用户的自然语言指令作为输入信息，端到端输出机器人的移动控制信号。不同于以往的机器人导航技术，NaVid 无须建图，也不依赖于深度信息和里程计信息等其他传感器信号，而是完全依靠机器人摄像头采集的单视角 RGB（三原色）视频流，在只利用合成导航数据进行训练的情况下，通过 Sim2Real 的方式，实现在真实世界室内场景甚至室外场景的 Zero-Shot 真机泛化。

# 量子计算篇

# 第七章

# 量子计算

作为量子信息的三大领域之一，量子计算利用量子力学原理来处理信息，代表了一种创新的计算技术。它利用诸如叠加和纠缠等量子现象实现并行计算，具有比传统计算机更强大的计算能力和更快的运算速度，被认为是未来计算机科学的革命性技术。量子计算的发展将推动量子通信、量子传感等相关领域的发展，形成完整的量子信息技术体系。相关技术在国防、金融、医疗等领域具有广泛的应用前景。由于量子计算在处理大数据、复杂计算求解等方面具有天然优势，量子计算原型机的成功将为科学研究提供更为强大的计算工具，同时将推动第四次科技革命在更多领域取得突破性进展。当前，作为制造强国和网络强国建设的新质生产力，量子计算已成为全球主要国家和地区博弈的角力场，是中国迫切需要抢占的未来科技竞争制高点的前沿性、战略性领域。

## 第一节 发展情况

中国发布政策支持量子计算发展。省级层面，2023 年，湖北省发布《湖北省加快发展量子科技产业三年行动方案（2023—2025 年）》，提出加快推进湖北省量子科技产业化发展。市级层面，2023 年，武汉市发布《武汉市加快发展量子科技产业三年行动方案（2023—2025 年）》，提出瞄准未来产业发展需求，聚焦量子计算等领域，布局建设一批量子科技产业园区，积极谋划引进一批重点企业和重大项目，促进创新链、产业链、人才链、资本链融合发展。2024 年 1 月，工业和信息化部等七部门出台《工业和信息化部等七部门关于推动未来产业创新发展的实施意见》，提出加强可容错通用量子计算技术研发，提升物理硬件指标和算法纠错性能，推动量子软件、量子云平台协同布置，发挥量子计算的优越性，探索向垂直行业应用渗透。

科研院所及企业研究成果集聚。2023 年 4 月，本源量子与中国科学技术大学团队合作，实现硅基量子计算自旋量子比特的超快调控；10 月，中国科学技术大学团队成功构建了 255 个光子的量子计算原型机"九章三号"，再度刷新了光量子信息技术的技术水平和量子计算优越性的世界纪录；11 月，中电信量子集团发布融合"天翼云"超算能力和 176 量子比特超导量子计算能力的"天衍"量子计算云平台，构建混合计算框架体系，支持量子算法与量子模拟计算等系列量子程序应用。2024 年 4 月，中国科学院量子信息与量子科技创新研究院发布了一款 504 比特超导量子计算芯片"骁鸿"，刷新国内超导量子比特数量的纪录。

量子计算机正加速向"量超融合"发展。在 2023 年的国际超算大会（ISC）上，英伟达、罗尔斯·罗伊斯和量子软件公司 Classiq 宣布同时使用经典和量子计算方法来模拟喷气发动机设计的性能。2023 年 9 月，本源量子公司联合上海超级计算中心等单位共同打造的国内首个"量超融合"先进计算平台发布，进一步促进相关核心技术突破与成果产业化。同年 12 月，中国移动云能力中心联合玻色量子通过将移动云与光量子计算机结合，打造的"恒山光量子算力平台"已经开始了上线公测，走出了推动量子计算机实用化的关键一步。

## 第二节　发展特点

全球量子计算领域融资金额增速放缓。全球量子计算领域的投资规模在过去的 4 年中呈现出快速增长的态势。2020—2023 年，全球量子计算总融资规模高达 59.8 亿美元，年复合增长率（CAGR）达 34.53%。然而，2023 年的投资情况出现了一些变化。尽管总融资规模仍然可观，但较 2022 年略有下降，仅为 2022 年的 75%左右。这表明全球对量子计算的投资热情出现了短暂的回落，未能延续前几年的动能。总体来说，2018—2023 年，美国在量子计算领域的投资规模和水平仍然遥遥领先，欧洲多国在量子计算领域的投资活跃度和水平较高，中国在量子计算风险投资的规模上距离欧美国家还有较大差距。根据《2024 全球量子计算产业发展展望》，从总融资规模来看，美国以 6.89 亿美元位居首位，远超其他国家和地区。这表明美国在量子计算领域有着广泛的投资活动，涉及多个类型和领域的上游赋能技术。

**场景应用拉动作用不断凸显**。量子计算技术正从实验室走向实际应用，其在不同行业场景中的潜力正逐渐被挖掘。业界对量子算法的研究和探索正变得日益热门，这些研究主要基于量子计算原型机，并且已经扩展到多个领域，包括但不限于化学模拟、金融量化分析、交通运输、航空业、人工智能及气象预报等。这种跨学科的融合为量子计算技术的进一步发展和应用提供了新的视角和动力。量子计算领域的创新成果不断涌现，然而，目前公布的多数成果仍处于早期研究阶段，主要聚焦于验证其理论基础和潜在的可行性。近期，量子计算的研发正逐渐由行业领先企业引领，形成了研发与应用相互促进的格局，其中应用需求和市场趋势对加速技术发展起到了关键作用。

**多条技术路线齐头并进态势将延续**。未来一段时间内，量子计算仍将存在超导量子芯片、离子阱、硅基半导体和光量子等多条技术路线，仍将处于并行发展和开放竞争状态，技术路线融合收敛的节点仍需时日。目前，超导量子芯片是占据较大市场份额的技术路线，主要优势体现在低功耗、高速度、低温工作能力及易于控制等方面，IBM、亚马逊、谷歌、华为等科技巨头，以及 Rigetti、D-Wave、本源量子、量旋科技等专业化企业均选择该技术路线。离子阱技术路线在技术成熟度、扩展便利性和成本效率上都具有优势，能够有效支撑未来大规模量子计算的产品升级与产业化落地。硅基半导体技术路线的优势在于能与成熟的CMOS（互补金属氧化物半导体）工艺兼容，更便于实现大规模集成，目前该领域的有力参与者是英特尔，中国本源量子也在该领域积极布局。光量子技术路线的主要优势是室温运行无须真空，保真度高，操控速度快，采用硅光集成技术可以实现大规模扩展等，该领域是国内图灵量子、玻色量子等企业的布局重点，是中国量子计算的优势领域。未来，随着量子计算发展水平的不断提高，量子计算综合评价体系和测试基准将逐步明确，成为衡量量子计算发展水平和计算能力的重要依据。在量

子计算的技术路线选择上，不能只着眼于单一技术指标的先进程度，还要结合未来量产成本、规模化难度、商业化可能等全面评估各种因素。

**量子产业化基础正在不断构建。**近年来国内外科技企业、初创企业与研究机构加速布局，纷纷推出量子计算云平台，为争夺产业生态地位，抢占未来发展先机展开激烈竞争。量子计算云平台集成了量子计算与经典云的特点与优势，有望通过"量超融合"和"量智融合"等形式，依托当前丰富的超级计算中心和智能算力中心，逐步形成量子计算基础设施，持续构建量子计算产业赋能千行百业的产业化基础。众多企业正积极拓展在量子计算云服务领域的合作伙伴关系。例如，微软推出的 Azure Quantum 平台，集成了 IonQ、QCI、Honeywell 和 Rigetti 等多家量子计算服务提供商的产品和云服务，利用其成熟的 Azure 云服务基础设施，为用户带来包括超导量子计算机、离子阱和中性原子技术在内的多种量子计算资源。同样，亚马逊的 AWS Braket 量子计算服务，也与 IonQ、Rigetti 和 D-Wave 等合作伙伴建立了联系，借助其广泛使用的 AWS 云计算服务，为用户提供超导和离子阱技术的量子计算接入。

## 第三节　重点企业

### 一、本源量子

本源量子，作为国内量子计算领域的领军企业，2017 年成立于合肥高新技术产业开发区，其技术依托于中国科学院量子信息重点实验室的科研成果。本源量子聚焦构建量子计算产业生态，专注于研发自主可控工程化量子计算机，围绕量子芯片、量子计算测控一体机、量子操作系统、量子软件、量子计算云平台和量子计算科普教育，实现了量子计算技术的全面布局与深度开发。本源量子积极推动量子计算技术的产业化进程，广泛探索其在生物科技、化学材料、金融分析、轮船制造、大数据等多行业的应用潜力，力求抢占量子计算核心专利的高地。

在产品方面，本源量子拥有一系列自主研发的核心产品，覆盖量子计算的硬件、软件及云服务三大领域。硬件产品包括基于超导和半导体技术的量子芯片，芯片作为量子计算机的大脑，能够执行量子计算的基本操作。此外，本源量子还推出了量子测控系统，用于控制和测量量子比特的状态，确保量子计算过程的准确性和稳定性。在软件方面，公司自主研发了量子操作系统"本源司南"，该系统能够管理和调度量子计算机的运行任务，实现量子算法的高效执行。本源量子提供了丰富的量子算法库和编程框架，旨在降低量子计算的使用门槛，使科研人员和开发者能够更加便捷地编写和测试量子程序。非常引人注目的是本源量子的量子云服务平台，用户可以通过互联网远程访问本源量子的量子计算资源，进行量子算法的模拟和优化，极大地拓展了量子计算的应用范围和场景。量子云服务平台不仅服务于科研机构和高校，也为企业和个人提供了探索量子计算的窗口。本源量子还致力于量子计算教育普及，开发了一系列科普软件和在线课程，助力公众理解量子计算的原理和应用前景。在技术创新方面，本源量子拥有 400 多项专利，彰显了其在量子计算核心技术领域的创新能力和自主知识产权优势。除合肥总部外，本源量子还在北京、上海、成都、深圳等地设有分支机构。

自成立以来，本源量子持续获得业界认可，如获批建设量子计算芯片安徽省重点实验室等。本源量子在合肥人工智能领域享有较高声誉，被公认为国内量子计算领域的先驱和领导者。展望未来，本源量子将继续推动量子计算的商业化进程，通过构建完整的量子计算产业链，为用户提供前沿的量子计算解决方案，持续引领中国量子计算产业的发展，为国家科技创新贡献力量。

## 二、华翊量子

华翊量子是一家致力于量子计算领域的高科技公司，脱胎于清华大学量子信息中心，由清华大学交叉信息研究院量子信息研究团队联合创立，团队由原清华大学研究员、博士后及优秀博士毕业生组成。

华翊量子拥有国际领先的技术积累储备与技术路线蓝图，具有自主设计与定制化离子阱系统的能力，提供量子云计算服务。华翊量子旨在填补中国量子计算领域的空白，普及量子计算硬件，解决通用量子算法，推广量子云计算，致力于成为国际上卓越的量子计算公司。华翊量子将引领算力革命，创造全新未来。

华翊量子专注于离子阱量子计算路线，利用被囚禁在超高真空环境中的镱离子、钡离子或钙离子，通过超窄线宽激光精密操控离子的量子态，在百万分之一秒内实现对离子的相干操纵。得益于离子量子比特的独特性质，华翊量子提供基于全同量子比特的高保真度门操控、通用的普适量子逻辑门与高质量可扩展的量子比特系统，量子相干时间更长。

华翊量子可提供定制化 100～200 量子比特的超低温离子阱量子系统，以及可快速定制并交付 30～60 量子比特的常温离子阱量子计算系统。这些系统不仅兼具高保真度、长量子相干时间的特点，还拥有快速高效的单比特寻址系统，为量子计算的实际应用铺平道路。华翊量子的第一代商业化原型机——HYQ-A37，已经在常温环境下实现了重大突破。这款原型机能够稳定囚禁超过 100 个离子的一维离子链，并保持小时量级的不雾化时间，充分展示了其出色的稳定性。HYQ-A37 在 $N=37$ 离子链的情况下，能够保持长达 10 小时的稳定囚禁，相干时间超过 200 毫秒，单比特逻辑门耗时典型值约为 10 微秒，两比特逻辑门耗时典型值约为 200 微秒，彰显了其在量子门操控上的卓越性能。

华翊量子的量子计算技术在多个行业展现出广阔的应用前景，包括材料与化工、核能与新能源、金融工程、航空航天、生物制药、运筹与物流优化，以及量子科学实验等。

## 第四节　重点学院

### 中国科学技术大学量子物理与量子信息研究部

中国科学技术大学量子物理与量子信息研究部成立于 2001 年，研究部主任为潘建伟院士。研究领域为量子光学与量子信息，研究方向包括量子力学基本原理检验、光纤量子通信、自由空间量子通信、量子存储与量子中继、光学量子计算、超导量子计算、超冷原子量子模拟、量子精密测量及相关理论研究等。研究部已经搭建了众多相关实验平台，建立和发展了一整套与量子信息实验研究相关的分析探测设备和手段，研究条件具有国际先进水平。

研究部在多光子纠缠操纵及光量子计算、大规模实用化量子通信网络、自由空间量子通信、冷原子存储、超冷原子量子模拟、超导量子计算等研究方向上取得了国际领先的成果。研究部成员的成果先后 12 次入选两院院士评选的"中国年度十大科技进展新闻"、3 次入选英国《自然》（Nature）杂志评选的"年度十大科技亮点"、1 次入选美国《科学》（Science）杂志评选的"年度物理学重大进展"、7 次入选英国物理学会评选的"年度物理学重大进展"、6 次入选美国物理学会评选的"年度物理学重大事件"，项目"多光子纠缠及干涉度量"获 2015 年度国家自然科学一等奖，已经成为国际著名的量子物理与量子信息研究组。

研究部的战略目标是，力争通过 15 年左右的努力，一方面构建完整的空地一体广域量子通信网络体系，在国防、政务、金融和能源等领域率先加以广泛应用，与经典通信网络实现无缝链接，形成具有国际引领地位的战略性新兴产业和下一代国家信息安全生态系统；另一方面将有效解决大尺度量子系统的效率问题，实现 50～100 个量子比特的相干操纵，构建可扩展的量子相干网络，对特定问题的求解全面超越经典计算机能力，实现可实用化的量子精密测量技术，同时为最终实现通用量子计算机摸索出一条切实可行的道路。

# 第五节　重点机构

## 北京量子信息科学研究院

北京量子信息科学研究院（简称"量子院"）以习近平新时代中国特色社会主义思想为指引，坚持"国家急需、世界一流、国际引领"的建设理念，瞄准建设世界一流新型研发机构的目标，面向世界量子物理与量子信息科技前沿，采取与国际接轨的治理模式和运行机制，整合北京现有量子物态科学、量子材料与器件、量子计算、量子通信、量子精密测量等领域的骨干力量，大力引进全球顶级人才，形成以国际一流科学家为核心的结构稳定、学科全面的研究梯队，同时组建一支由世界级水平工程师组成的技术保障团队，建设顶级实验支撑平台，力争在理论、材料、器件、通信与计算及精密测量等基础研究方面取得世界级成果，并推动量子技术走向实用化、规模化、产业化，通过建立完善的知识产权体系，紧密与产业界结合加速成果转化，实现基础研究、应用研究、成果转移转化、产业化等环节的有机衔接，打造国家战略科技力量。

在组织架构层面，量子院作为由北京市政府倡议设立的独立法人事业单位，其机构规格与人员编制均未预设，实施理事会领导下的院长负责制。理事会作为最高决策机构，下设评估与审计委员会，5 个研究部（量子物态科学、量子材料与器件、量子计算、量子通信、量子精密测量）、2 个平台（微纳加工、综合测试），1 个工程部（量子工程研究部），1 个中心（技术与产业开发中心），并按照相关规定设立党组织。南方科技大学校长、中科院院士薛其坤，中科院物理所研究员、中科院院士向涛，担任联合院长。

在运行机制层面，量子院在人才双聘、存量资源整合、知识产权共享等方面创新体制，确保机构稳健发展与持续进步。

在人才引进与培养层面，量子院摒弃传统科研单位的固化编制与固定薪酬模式，采用与国际科研机构接轨的灵活聘用机制与薪酬体系，鼓励国内外相关人员以全职、双聘方式加盟，促进人才资源的自由流通与高效配置。同时，构建存量与新增资源的协同创新、利益共享机制，探索现有资源虚拟化共享路径，整合现有资源并提升利用效率。通过知识产权共享机制，将知识产权形成的收益重点分配给一线科研人员，激发其创新活力。此外，量子院还积极引入社会资本，设立量子信息研发与成果转化基金，携手专业服务机构，加速科研成果的市场化进程。

面向国家战略需求，量子院积极承担国家科技创新 2030— "量子通信和量子计算机"重大项目等任务，致力于产出具有国际影响力的原创性科技成果。同时，构建促进原始创新与成果转化的制度体系，加速科研成果在"三城一区"等区域的转化应用，为中国量子科技事业贡献力量。

# 6G 篇

第八章

# 6G

从 20 世纪 80 年代起，移动通信历经 1G、2G、3G、4G 的演进，当前已进入第五代移动通信（5G）时代。近 5 年来，全球 5G 的规模商用促进了经济增长和社会变革，但随着各行各业对网络需求的不断加深、扩展和升级，对新一代移动通信，即第六代移动通信（6G）提出了更多更高的要求。新一代移动通信产业涉及 6G 通信元器件、设备的研发，基础设施建设，应用和服务能力拓展等关联产业。6G 是以无线通信为代表的信息技术及应用系统的新兴前沿领域，全球未来信息通信和网络技术发展的重要方向之一。随着"数字中国"的加快推进和"宽带中国"的深入实施，新一代移动通信等新兴业态得到长足发展。围绕中国经济、科技和社会发展的需求，加快发展新一代移动通信产业，将促进中国数字经济的高质量发展和其全球优势地位的巩固。

## 第一节  发展情况

### 一、国家全面加速 6G 研发、完善整体布局

在国家层面，2023 年，中国进一步强调加速 6G 研发、完善整体布局。中国通过 IMT-2030（6G）推进组加速推进 6G 技术研究及测试，积极开展 6G 技术征集。TD 产业联盟数据显示，2023 年累计征集包括语义通信等基础技术、新型无线技术及新型网络技术等关键技术超过500 项；同时，IMT-2030（6G）积极推进 6G 关键技术试验，包括太赫兹通信、通信感知一体化、智能超表面、无线人工智能、移动算力网络、

分布式自治网络和数据服务共 7 个关键技术，参与单位包括华为、中兴通讯、中信科移动、诺基亚贝尔、vivo、中国移动、中国电信等设备商和运营商。

## 二、研究机构相继搭建 6G 研发试验环境与平台

在学研方面，中国信息通信领域实验室及研究机构相继启动 6G 研发试验环境与平台搭建。鹏城实验室在 2023 年联合北京邮电大学、电子科技大学、华中科技大学等单位共同构建的"面向 6G 无线高速接入原型系统及测试环境（EAGLE 6G）"取得阶段性进展，无线测试速率进一步提升至 800Gbps（100Gbps）；鹏城实验室在 2023 年下半年启动面向 6G 超宽带通信的云网合一智能化工具平台"鹏城云脑 III"的建设，预计将在 2025 年年底前建成。紫金山实验室在 2023 年联合东南大学发布全球首个 6G 全频段全场景普适信道建模与仿真技术，构建全球首个 6G 普适信道模型，发布了《6G 总体技术白皮书》和《未来网络白皮书（2023）》。中关村泛联移动通信技术创新应用研究院（简称"中关村泛联院"）在 2023 年联合高校与科研院所积极开展 6G 前沿技术研发，在多领域取得业界领先成果。中关村泛联院联合中国移动研究院打造 6G 毫米波通感原型样机，实现 1000 米小型无人机米级探测；完成高速可见光通信系统的收发测试，在高速可见光通信系统平台上实现了 10Gbps 数据的传输；完成 RIS 半静态无线控制系统原型样机，完成暗室、外场多场景试验；发布下一代云化开放无线新型空口试验验证平台，是全球首个服务科研机构和企业的 6G 无线云化协同创新平台。

## 三、运营商和龙头设备商企业体系化布局 6G

在产业界层面，中国电信运营商发布系列 6G 原型样机并完成多项技术测试。中国移动积极建设"8+2+1+1"的 6G 协同创新基地，围绕无线通信、无线组网和网络架构三大技术领域，布局大规模 MIMO（多输入多输出）、通感一体化、空口 AI、新型网络架构等十大技术方向。中国联通成立集团层面 6G 工作组，已经形成 6G 总体布局和体系架构，参与 IMT-2030（6G）推进组 6 个技术方向的原型测试。中国电信自主

研发基于"模块化+并行化"架构的 5G+/6G 无线仿真平台，依托云网融合大科创装置，完成全双工、超大规模天线、RIS 这 3 项关键特性的仿真验证工作，推动构建开放式的前沿技术试验床。中国部分头部设备厂商 6G 研发工作进入关键技术概念样机阶段。华为完成通信感知一体化、太赫兹通信、智能超表面等原型系统样机搭建，完成低轨卫星通信技术试验。中兴通讯完成太赫兹通信、通信感知一体化、智能超表面等概念样机搭建并通过 IMT-2030（6G）推进组测试验证；完成 6G 分布式自治网络样机、数字孪生样机、6G 算力网络关键技术概念样机搭建并进行测试试验。中信科移动完成分布式自治网络、算力网络、通感一体化网络等技术概念样机搭建，发布蜂窝网络高精度定位技术原型系统样机；完成 IMT-2030（6G）推进组无线方向三项关键技术测试，以及网络方向三项关键技术测试；在智能超表面等领域实现技术突破。

## 第二节　发展特点

### 一、通感算一体化、AI 无线将成 6G 技术重点方向

2024 年，通感融合、智能内生成为 6G 网络的重要特征已在业界形成共识。当前，5G-A 通感一体测试及应用方面取得阶段性进展，中国在低空无人机探测、道路车辆感知、桥梁监测、船只跟踪及速率检测等领域开展大量示范验证，2024 年将继续在车联网、低空、城市安全等领域开展技术验证及应用试点。面向 6G，通信、感知和计算融合一体可实现多维感知、协作通信、智能计算功能的深度融合和互惠增强，提供定位、测距、测速、成像、检测、识别等多元化能力，满足数字孪生、无人监控、环境监测、安防监控、行为检测等多个行业应用领域的用网需求，同时以网络原生智能为目标，将网络服务范围从连接服务扩展到算力、数据、算法等层面，将催生 3D 虚拟数字人、沉浸式 XR、全息远程呈现、元宇宙等多样化的新兴业务。

### 二、地方政府积极推动 6G 研发，关注点各有侧重

加快 6G 前沿技术研究成为各省市"十四五"期间重要布局方向之

一，地方政府重点关注关键核心技术、标准研究、空天地一体化、关键器件及组件等方面。北京、湖北、四川、山东等地提出布局未来产业、加速 6G 产业布局；北京、上海、江苏等地提出开展 6G 网络架构等关键核心技术攻关及推动 6G 标准研究；河北、上海、浙江、广西等地提出重点发展空天地一体化、卫星通信技术创新；安徽、河南、福建、山东等地提出加强芯片、模组等关键器件及组件研发。此外，北京市海淀区、朝阳区，上海市浦东新区在 2023 年也发布相关政策明确 6G 布局、重点推进 6G 技术研究。

### 三、6G 发展即将进入国际标准化阶段

未来 3～5 年将是抢占 6G 潜在关键技术高地的重要窗口期。2024 年 6G 关键技术研究方向进一步收敛、明确，中国围绕太赫兹通信、通信感知一体化、星地融合组网、智能超表面、无线 AI、算力网络、分布式自治网络、数据面与数据服务等技术方向开展技术试验及测试，推动重点技术方向概念样机研发，验证技术性能，加快技术创新优化，促进形成技术共识。2025 年前后各国组织和机构将围绕 6G 标准开展研讨，形成统一的国际标准，为 6G 产业研发、商用提供重要支撑。预计在 2030 年左右，6G 将具备大规模商用能力。

## 第三节 重点企业

### 一、华为

华为是一家生产销售通信设备的民营通信科技公司，于 1987 年创立，总部位于广东省深圳市龙岗区坂田华为基地，其 20.7 万名员工遍及 170 多个国家和地区，为全球 30 多亿人提供服务。华为作为全球领先的信息与通信技术（ICT）解决方案供应商，专注于 ICT 领域，为运营商客户、企业客户和消费者提供有竞争力的产品和服务，曾获"2019 中国品牌强国盛典年度荣耀品牌"。2013 年，华为超过爱立信成为全球第一大通信设备商，此后华为又在通信业务的基础上，在制造链领域往下发展终端业务，向上布局云端业务，同时搭建自己的服务链，云、管、

端一体化格局初步形成。

2023 年，华为的研发费用支出进一步增加至 1647 亿元，占全年收入的 23.4%，这一投入使得华为在全球研发支出排名中位列前五，专利申请数量连续 7 年全球第一。截至 2023 年年底，华为 ICT 基础设施业务实现销售收入 3620 亿元，同比增长 2.3%；终端业务实现销售收入 2515 亿元，同比增长 17.3%；云计算业务实现销售收入 553 亿元，同比增长 21.9%；数字能源业务实现销售收入 526 亿元，同比增长 3.5%；智能汽车解决方案业务实现销售收入 47 亿元，同比增长 128.1%。

华为认为 6G 是一种以人类可持续发展为愿景的无线通信技术，它不仅要满足人类对高速率、低时延、高可靠、低功耗、广覆盖等通信需求，还要支持人类对智慧社会、智慧生活、智慧产业等新用例和新需求的探索。

**积极探索 6G 关键能力和支撑技术。**为了实现 6G 的各类关键能力，华为提出了 6G 的六大支柱技术，分别是原生 AI（将 AI 从网络边缘到核心全面融合，实现网络感知、网络决策和网络执行的智能化）、网络感知（将传统的通信感知扩展到物理感知、虚拟感知和社会感知，实现对多维信息的获取、处理和交互）、极致通信（将传统的频谱资源扩展到亚毫米波、太赫兹、光波等更高频段，实现更高速率、更低时延、更高可靠和更低功耗的通信）、星地融合（将传统的地面网络扩展到空间网络，实现全球范围内的无缝覆盖和服务提供）、内生可信（将传统的安全防护扩展到安全保障，实现从数据到服务的全链路可信）和碳中和（将传统的节能降耗扩展到碳排放控制，实现网络运行和服务提供的碳中和或负碳）。

**主动进行国际学术交流合作与 6G 标准化。**华为已在加拿大、法国、芬兰等国家设立了 6G 研究中心，并与多所高校和科研机构开展合作。华为还积极参与国际标准组织和产业联盟的 6G 研究与合作，如国际电信联盟无线通信部门（ITU-R）第五研究组国际移动通信工作组（WP5D）、第三代移动通信伙伴组织（3GPP）工作组，以及下一代移动网络 NGMN 6G 项目组、5G 产业自动化联盟（5G-ACIA）6G 项目组、5G 汽车联盟（5GAA）6G 项目组等产业联盟合作，帮助华为在 6G 技术的研发和标准化过程中保持领先地位。同时，华为希望与全球合作伙伴共同推动 6G 技术的发展和应用，为人类创造更美好的未来。

**快速推进多种 6G 使能技术原型机搭建和试验。**华为完成了通信感知一体化、太赫兹通信、智能超表面等原型系统样机的搭建，完成了低轨卫星通信技术试验。华为搭建了 6G 端边云移动算力网络测试环境，开展了异构算力管理、异构算力实时感知、无线联邦学习应用等阶段性测试验证；完成了感知一体化技术原型系统测试与验证，在定位跟踪、成像及环境重构、健康监测等场景取得技术突破；开展了业界首次基于 3GPP NR 协议体制框架的低轨宽带卫星通信技术试验，并取得圆满成功；搭建了智能超表面样机，完成了基础电磁响应、场景化波束赋形、多频段干扰及消除等技术测试与验证；完成了基于 E-Band 频段的 6G 高容量多用户接入通信测试、高容量高速车载移动通信、低功耗短距通信；在太赫兹关键核心器件、信号处理、系统架构等研究领域持续取得技术突破，自主研究高效率、高性能射频器件（混频器、振荡器、放大器等）和高性能调制器件，率先实现 220GHz 太赫兹频段通信原型系统。

## 二、中兴通讯

中兴通讯是全球领先的综合性通信设备制造业上市公司和全球综合通信信息解决方案提供商之一，致力于为客户提供满意的 ICT 产品及解决方案。中兴通讯集"设计、开发、生产、销售、服务"于一体，聚焦于"运营商网络、政企业务、消费者业务"，是全球电信市场的主要通信设备供应商之一，业务覆盖 160 多个国家和地区，服务全球 1/4 以上的人口。中兴通讯各系列电信产品均处于市场领先地位，并与中国移动、中国电信、中国联通等中国主要电信服务运营商建立长期稳定的合作关系，已向全球多个国家和地区的电信服务运营商和政企客户提供创新技术与产品解决方案，让全世界用户享有语音、数据、多媒体、无线宽带、有线宽带等全方位沟通的服务。中兴通讯是国际电信联盟（ITU）、3GPP、欧洲电信标准化协会（ETSI）、IEEE、NGMN、中国通信标准化协会（CCSA）等 70 多个国际标准化组织和联盟的成员，并在全球供应商联盟（GSA）、ETSI 等多个组织担任董事会成员，60 多名专家在全球各大国际标准化组织担任主席和报告人等重要职务，累计提交国际国内标准化提案及研究论文超过 10 万篇。

2023 年 9 月 21 日，中兴通讯在博鳌亚洲论坛国际科技与创新论坛第三届大会上宣布了一项重大突破，即在 3GPP 组织中首次提出了 6G 的愿景和关键技术方向。这是全球首个关于 6G 的标准化建议，为 6G 的发展指明了方向。中兴通讯认为 6G 将在 5G 基础上，由万物互联向万物智联跃迁，6G 网络将是一个地面无线与卫星通信集成的全连接世界，应充分利用 5G 和 5G-A 的技术优势，实现 6G 的平滑演进。在 2024 年 6 月 26 日的 2024 世界移动通信大会（MWC）上海展上，中兴通讯发布星云通信大模型等一系列数智实践及创新方案与产品，覆盖智算方案、通信大模型、终端产品、5G-A 技术等领域，实现全面突破。中兴通讯发布的全栈全场景智算解决方案，涵盖算力、网络、能力、智力、应用等多方面，针对 AI 发展面临的算力、能耗、数据集、标准化及商业应用等诸多挑战，实现多成果突破。中兴通讯正式推出星云通信大模型系列化产品，涵盖星云通信大模型、Agent 工厂和系列化应用产品。以 Agent 工厂方案为例，通过"知识车间"、"技能车间"与"组装车间"生产和组装智能体。Agent 工厂的出现，将重构传统的应用开发模式，形成新的产品形态。面向复杂场景，各个智能体灵活编排、通过语言用户界面（LUI）的方式进行人机交互、利用规划和工具调用能力，充分融合现网 AI 小模型能力及网络原子能力，实现运维体系的平滑演进。在应用领域，中兴通讯发布涵盖手机、平板、笔记本电脑、PC 及移动互联网产品，以及全场景 AI 终端应用与裸眼 3D 新品，覆盖 AI 裸眼 3D、AI 同声传译和方言互译、AI 安全反诈、AI 智慧商务和创作、红魔 AI 游戏魔方及 AI 魔法影像等应用和产品。

**系统布局多个 6G 关键技术方向。** 中兴通讯重视科技创新，积极探索和布局未来技术，已启动 6G 关键技术研究，同时与业界同行开展交流与合作。太赫兹波段的无线传输技术，利用太赫兹波段的超大带宽和超高速率，实现沉浸式通信和极高可靠低时延通信。卫星通信技术，利用卫星网络的全球覆盖和高空视野，实现超大规模连接和泛在连接。人工智能与通信的融合技术，利用人工智能的学习、推理和优化能力，实现通信网络的自动化管理和服务质量保障。感知与通信的融合技术，利用感知设备和传感器的数据采集和处理能力，实现对人、物、服务、环境等多维度信息的智能感知。

主导多项 **6G** 原型技术测试与试验验证。太赫兹通信、通信感知一体化、智能超表面等概念样机完成 IMT-2030（6G）推进组测试验证。中兴 6G 分布式自治网络样机完成了语音和文本的意图采集、转换和驱动规划样机执行业务的全流程验证；数字孪生样机通过了接入网数字孪生网络容量能力、接入网数字孪生网络相似度及接入网数字孪生网络预测能力测试；6G 算力网络关键技术概念样机完成了算网感知和算力路由功能测试；6G 太赫兹关键技术概念样机支持室外远距离传输，频谱效率超过 7bit/s/Hz；6G 通信感知一体化关键技术概念样机感知距离精度可达分米级，对 1km 范围内的无人机能实现稳定的定位跟踪；6G 智能超表面关键技术概念样机实现了基站和智能超表面（RIS）协同、波束的可调控，最大增益可达 30dB。

加强卫星通信和太赫兹波段等的研发和应用。中兴通讯在卫星通信方面有着丰富的经验和技术积累，已经成功研发了多款卫星通信芯片，并在 2023 年发布了首颗自研 RISC-V 架构的 LTE-Cat.1 芯片。同年 7 月，中兴通讯发布了一项重磅技术突破，即实现了太赫兹波段的无线传输，并在实验室环境下达到了每秒 100Gbpms 的传输速率。

# 第四节　重点学院

## 华中科技大学第六代移动通信研究中心

华中科技大学是国家教育部直属重点综合性大学，由原华中理工大学、同济医科大学、武汉城市建设学院于 2000 年 5 月合并成立，是国家"211 工程"重点建设和"985 工程"建设高校之一，是首批"双一流"建设高校。学校于 2021 年成立第六代移动通信（6G）研究中心，该研究中心依托网络空间安全学院进行建设，主要从事与第六代移动通信相关的前沿技术的研究，主要研究方向为大规模信号处理、智能通信、多媒体通信与处理、未来网络、目标探测与识别、水下定位与传输、未来无线网络、深度学习、深度增强学习、高性能编码技术、滤波器组多载波技术（FBMC）信号设计、地下无线通信、探测与网络安全等。

该研究中心现拥有 140 多名研究人员。该研究中心先后承担几十项国家级项目，发表学术论文 500 余篇，申请国家发明专利 100 余项，提出的校验级联极化码被正式采纳为 5G 标准。

其中，由该研究中心承担的"大维智能共生无线通信基础理论与技术"项目，致力于解决"如何满足资源受限条件下跨频段、跨场景、跨业务的复杂、差异化的问题，最终形成支持 5G/B5G/6G 的大维智能共生无线通信理论基础体系、方法与系统"。该项目主要研究以用户为中心的大维无线通信共生体系框架，针对不断增长的用户需求与有限通信资源之间的矛盾，构建强安全共生通信。通过研究大维共生无线通信的多层干扰机理，分析频谱态势变化规律，提出支持差异化业务的资源智能协同优化方法，构建用户接入行为模型，设计出符合用户行为认知的安全可信协议。

# 第五节　重点机构

## 紫金山实验室

紫金山实验室于 2018 年成立，坐落于南京市江宁无线谷。为深入贯彻习近平新时代中国特色社会主义思想，推动建设引领型国家创新型城市，江苏省和南京市共同打造了紫金山实验室这一重大科技创新平台。紫金山实验室以网络通信与安全领域的国家重大战略需求为导向，旨在引领全球信息科技的发展方向，解决行业重大科技问题。紫金山实验室汇聚全球高端人才，开展前瞻性、基础性研究，致力于突破关键核心技术，开展重大示范应用，推进科研成果在国家经济建设中的落地。紫金山实验室旨在成为国家科技创新的重要力量，成为体现国家意志、具有世界一流水平的战略科技创新基地。

近年来，紫金山科技城构建以网络通信与安全为核心的未来产业体系，在科技成果转化和产业化上取得重要突破。2022 年 8 月 24 日，在第六届未来网络发展大会上发布了全球首个广域确定性网络系统重大突破成果、全球首个云原生算网操作系统、全球首个 6G TKµ 极致连接无线传输试验平台 V1.0。多家单位联合启动了未来网络试验设施的开放合作，其中包括 6 个龙头企业合作转化项目、7 个自主创新创业转化项目和 7 个社会资本融资转化项目。每项合作都在加速推进互联网、大数据、人工智能同实体经济的深度融合，进一步加速未来网络通信领域人才、资源、产业的集聚。

紫金山实验室充分利用南京在未来网络、5G 发展及演进和毫米波核心器件等方面具有"独一无二"的基础技术优势，面向网络通信与安全领域国家重大战略需求，以引领全球信息科技发展方向、解决行业重大科技问题为使命，通过聚集全球高端人才，开展前瞻性、基础性研究，力图突破关键核心技术，开展重大示范应用，促进成果在国家经济建设中落地。

**在未来网络领域，紫金山实验室开展基础性和前沿性研究，致力于推动未来网络的发展和创新。**紫金山实验室研发的"全球首个广域确定性网络系统"在全球范围内首次突破大规模广域确定性网络技术体系，正式开通了覆盖北京、南京、上海等 35 个城市的广域确定性网络，在 100%网络负载、途经 13 个省市、13000 千米距离、10000 条确定性业务的情况下，实现零丢包、时延抖动小于 20 微秒，有望解决传统互联网拥塞无序的问题，推动互联网从"尽力而为"到"确保所需"的技术体系变革，有力支撑国家"东数西算"和"碳中和"等重大战略。2023 年 7 月，紫金山实验室和北京邮电大学未来网络实验室积极推进产学研融合，深度参与了试验卫星发射的网络通信体制制定，并承担了关键工程系统研制工作。

**在网络安全领域，紫金山实验室致力于研究网络安全技术和解决方案，保障网络的安全和可信。**2023 年，紫金山实验室正式发布"网络内生安全试验场 NEST2.0"，与最初版本相比，新版本增加了车联网赛道、5G 通信赛道和密码机赛道。在第五届"强网"拟态防御国际精英挑战赛中，网络内生安全试验场在短短 72 个小时内就经受住了 911 万次高强度的网络攻击测试，性能比最初版本有了极大提升。

人形机器人篇

第九章

# 人形机器人

人形机器人是一种利用人工智能和机器人技术制造，可通过双足行走、手臂和身体的协同配合完成通用功能，与人类进行语音和物理交互，具有类人外貌和动作的机器人，并在人类生产和生活中扮演着举足轻重的角色，具有通用性强、泛化性强等优势。继计算机、智能手机、新能源汽车等颠覆性产品后，人形机器人有望带来新一轮颠覆，革新人类生产生活方式，重塑全球产业发展格局。人形机器人包含感知、智能决策、人机交互、运动控制 4 项关键技术。根据工业和信息化部《人形机器人创新发展指导意见》，可将人形机器人产业链分为大脑（感知、决策、人机交互）、小脑（运动控制）和肢体 3 个方面。

## 第一节　发展情况

人形机器人行业的投融资动作频频，呈现出积极活跃的态势。大模型的突破性进展为人形机器人的发展提供了关键支撑，华为、小米、腾讯、三星、特斯拉等国内外科技巨头纷纷入局，在人形机器人赛道上加大投入力度。据统计，2018—2022 年，中国人形机器人行业的投资事件数量和投资金额如图 9-1 所示。截至 2023 年 11 月底，投资事件数量已经达到 139 件，投资金额高达 844.62 亿元。

从披露的融资信息来看，人形机器人领域的投资热度持续高涨，不仅有通用、英伟达等行业巨头，还有美国国际数据集团（IDG）、红杉、真格、五源等国内外知名机构，以及国内地方政府产业基金。可以预见，未来几年人形机器人领域的投资热度还将进一步升温，将有更多资本涌入，助推行业加速发展。

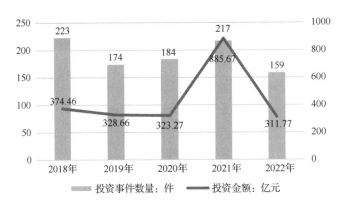

**图 9-1　2018—2022 年中国人形机器人行业投资情况统计图**
（数据来源：IT 桔子、中商产业研究院，赛迪整理）

　　国内人形机器人市场竞争日趋激烈，龙头企业竞相发力。优必选 Walker 系列在运动控制和人机交互领域积累深厚，率先推出商用机器人；达闼科技 XR 系列搭载"云端大脑"，专注感知交互；傅利叶智能 GR-1 则瞄准通用型人形机器人。此外，小米发布首款人形机器人 CyberOne，华为推出人形机器人"夸父"，智元机器人发布助老助残机器人"远征 A1"，竞争愈演愈烈。纵观国内市场，人形机器人参与者日益丰富，主要可分为 4 类：一是优必选、傅利叶、智元等人形机器人初创公司，在关节伺服、运动控制等方面有技术积累，率先推出了助老助残、陪伴机器人等实用型产品；二是达闼、越疆、大疆等传统机器人企业，在产业链整合方面有先发优势；三是小米、阿里巴巴等互联网巨头，在人机交互、AI、物联网等方面有一定积累；四是华为、比亚迪等科技制造业巨头，拥有雄厚的技术和资金实力，在云计算、智能制造等领域经验丰富。未来，一些聚焦细分领域的专精特新机器人企业，有望通过差异化的技术路线和市场策略脱颖而出。

　　从全球专利申请量来看，中国已经成为人形机器人专利第一大国。

据统计,截至 2022 年年底,中国人形机器人相关专利申请量达 6596 件,超过此前长期领先的日本(6058 件),跃居全球第一。从专利申请主体来看,既有以优必选、达闼为代表的企业,也有以清华大学、浙江大学、哈尔滨工业大学、北京理工大学等为代表的高校,各类创新主体均高度重视人形机器人技术研发,已经形成较好的产学研协同创新格局。尽管目前中国在专利数量上已经超越日本,但在专利质量上还有一定差距。据分析,中国人形机器人专利多集中在结构设计、控制系统等中低端技术领域,在多传感器融合、人机交互、自主学习等前沿技术方面相对薄弱。未来应进一步引导各类创新主体加大研发投入,聚焦底层核心技术,推动人形机器人基础理论、共性技术、工程化应用"三位一体"协同发展。同时,还应健全人形机器人知识产权保护体系,为各类创新主体营造良好的创新生态。

## 第二节　发展特点

从国内政策来看,中国逐渐将人形机器人作为机器人产业重点方向。近几年,国家层面陆续出台了一系列政策文件以鼓励机器人产业发展,如《"十四五"规划和 2035 年远景目标纲要》《"十四五"机器人产业发展规划》和《"机器人+"应用行动实施方案》等文件(见表 9-1)中明确中国机器人产业发展的主要类型和重点应用场景,更侧重于以应用带动机器人产品发展。随着机器人产业发展愈加成熟,中国抢抓通用人工智能赋能千行百业的发展机遇,2023 年 10 月,工业和信息化部印发了《人形机器人创新发展指导意见》,明确提出要加快突破"大脑、小脑、肢体"等人形机器人关键技术,在特种、制造、民生服务等场景示范应用,加速构建具有国际竞争力的产业生态。此外,中国还大力支持建设人形机器人研发中心、实验室等创新平台,支持企业与科研机构联合攻关关键核心技术。

表 9-1 中国近几年人形机器人相关政策文件

| 发 布 时 间 | 政 策 文 件 | 单 位 | 主 要 内 容 |
|---|---|---|---|
| 2023 年 10 月 | 《人形机器人创新发展指导意见》 | 工业和信息化部 | 到 2025 年，人形机器人创新体系初步建立，"大脑、小脑、肢体"等一批关键技术取得突破，确保核心组件安全有效供给。到 2027 年，人形机器人技术创新能力显著提升，形成安全可靠的产业链、供应链体系，构建具有国际竞争力的产业生态，综合实力达到世界先进水平 |
| 2023 年 1 月 | 《"机器人+"应用行动实施方案》 | 工业和信息化部等十七部门 | 到 2025 年，制造业机器人密度较 2020 年实现翻番；服务机器人、特种机器人行业应用深度和广度显著提升；聚焦十大应用重点领域，突破 100 种以上机器人创新应用技术及解决方案；推广 200 个以上具有较高技术水平、创新应用模式和显著应用成效的机器人典型应用场景 |
| 2021 年 12 月 | 《"十四五"机器人产业发展规划》 | 工业和信息化部等十五部门 | 到 2025 年，中国要成为全球机器人技术创新策源地、高端制造集聚地和集成应用新高地，机器人产业营业收入年均增长超过 20% |
| 2021 年 12 月 | 《"十四五"智能制造发展规划》 | 工业和信息化部等八部门 | 到 2025 年，建成 500 个以上引领行业发展的智能制造示范工厂；智能制造装备和工业软件市场满足率分别超过 70%和 50%；培育 150 家以上专业水平高、服务能力强的系统解决方案供应商 |
| 2021 年 11 月 | 《国家智能制造标准体系建设指南（2021 版）》 | 工业和信息化部、国家标准委 | 智能制造建设的进一步规范，意味着生产制造对于新技术、新方法的融入 |

续表

| 发布时间 | 政策文件 | 单位 | 主要内容 |
|---|---|---|---|
| 2021 年 10 月 | 《智慧健康养老产业发展行动计划（2021—2025 年）》 | 工业和信息化部、民政部、国家卫生健康委 | 支持发展能够提高老年人生活质量的家庭服务机器人；重点发展外骨骼机器人，以及具有情感陪护、娱乐休闲、家居作业等功能的智能服务型机器人；鼓励发展能为养老护理员减负赋能、提高工作效率及质量的搬运机器人 |
| 2021 年 3 月 | 《"十四五"规划和2035 年远景目标纲要》 | 国务院 | 深入实施智能制造，推动机器人等产业创新发展；培育壮大人工智能、大数据等新兴数字产业，在智能交通、智慧物流、智慧能源等重点领域开展试点示范 |

（资料来源：赛迪整理）

中国统筹高校及科研院所力量，推动人形机器人人才联合培养模式。当前各国在人形机器人领域人才争夺战已经打响，争抢顶尖的人工智能科学家、机器人专家的大战方兴未艾。从中国高校来看，国防科技大学、哈尔滨工业大学、清华大学、浙江大学、北京理工大学等高校在机器人领域有较好的学科积累，培养了大量从事机器人基础研究的科研团队和技术人才。此外，中国科学院、工业和信息化部电子五所等科研院所也成为人形机器人研究的重要力量。从企业来看，一批头部机器人企业不仅重视加大研发投入，还注重人才梯队建设，主动与高校开展产学研合作，建立联合实验室，推进成果转化和人才培养。未来应进一步加强人形机器人领域的人才培养和交流。一方面，支持高校加快人形机器人相关学科建设，推进"新工科"改革，促进机器人、人工智能与信息、机械、电子等学科交叉融合，加快建设一批高水平的人才培养基地。另一方面，支持企业牵头成立产学研用联盟，与高校、科研院所共建创新平台，打通基础研究、技术攻关、成果转化、人才培养全链条。此外，还应拓宽国际人才交流渠道，吸引海外高层次人才来华创新创业。

中国形成了以京津冀、长三角和珠三角为主的智能机器人发展产业集群。其中，京津冀地区依托新一代信息技术高层次人才集聚优势，聚焦高端工业机器人、服务机器人和特种机器人等方向，加快提升本体核心零部件自给率，打造机器人产业链式集群优势；长三角地区依托国内外先进龙头企业和高校的示范集聚效应，已建立完善的机器人产业生态，正在走向产品应用阶段，涌现了一批创新能力强、成果转化快的企业，形成以上海、昆山、无锡等为代表的产业集群；珠三角地区充分发挥制造业规模优势，推动工业机器人在高端制造及传统支柱产业的示范应用，并持续聚焦商用服务机器人赛道，形成了从关键零部件到整机和应用的完整机器人产业链。

## 第三节　重点企业

### 一、小米

小米集团成立于 2010 年 4 月，2018 年 7 月 9 日在香港交易所主板挂牌上市，是一家以智能手机、智能硬件和物联网平台为核心的消费电子及智能制造公司。秉持"和用户交朋友，做用户心中最酷的公司"的愿景，小米致力于持续创新，从 2020 年起，小米开始仿生机器人的探索，并在 2023 年 4 月注资 5000 万元成立北京小米机器人科技有限公司，目前业务已经覆盖了零部件到硬件系统、软件系统、运控、感知等多个维度。2022 年 8 月，小米公布了首款全尺寸自研的仿生人形机器人 CyberOne，该产品能感知人类情绪、控制自身运动。小米公司牵头承担了 2023 年国家重点研发计划"智能机器人"重点专项——"机器人自动化产线快速重构技术项目"。小米希望通过人形机器人的灵巧柔顺特性，开发新的制造模式，实现自动化产线的动态重构和配置优化。

**打造仿生机器人的核心竞争力。**小米自主研发仿生机器人产品，打造完整的人形机器人技术栈。自 2020 年来已搭建了数百人的机器人研发体系，推出了 CyberDog、CyberOne 等仿生机器人系列产品。在 2023 年世界机器人大会上，小米与北京经济技术开发区管委会签约项目，在北京亦庄建设通用人形机器人创新示范项目，研制量产型通用人形机器人商业化产品，攻克系列关键技术与核心软硬组件，建设仿真验证与强化学习训练平台，开展面向 3C 工厂和汽车工厂等典型制造场景的创新应用示范，以加速构建通用人形机器人产业生态。

　　**三步走的机器人产业布局，推动小米品牌高端化**。短期内，小米的人形机器人将扎根某个场景，实现多个功能做产品技术的验证，进行原型机的开发，并不断迭代所需要的硬件、硬件系统、传感器系统、感知控制系统。中期，小米的人形机器人将融入智能制造场景来做产业验证，进行规模化的验证，同时搭建泛化平台，提升部署效率，实现人形机器人在制造场景当中的数据积累和模型迭代。未来，小米希望以自身为示范，带动人形机器人的广泛应用，拓展机器人在 3C 和汽车制造场景之外更多场景中的应用和价值实现。

## 二、达闼机器人

　　达闼科技有限公司成立于 2015 年，是一家专注于智能机器人领域的独角兽企业，致力于成为全球领先的云端机器人创造者、制造商和运营商。公司以"机器人服务于人、达闼服务机器人"的战略使命和"云端智能，连接未来"的美好愿景为指导，通过持续引领云端机器人前沿技术研究与产业化应用，致力于让云端机器人走进千家万户，帮助人类完成 4D（枯燥、肮脏、危险、困难）工作，提升人类生活品质。达闼科技在人工智能、感知技术、自主导航等技术方面取得了显著进步，推动了机器人行业的快速发展。公司研发了全球首个云端机器人大脑操作系统海睿 OS、海睿 AGI 平台和 RobotGPT 多模态大模型，构建了云端"大脑"模型和基于多传感融合感知与运动控制的"小脑"模型，搭建了端云协同的机器脑融合智能平台，支撑百万级机器人接入和运营。

　　**达闼机器人坚持创新驱动发展战略，深耕人形机器人产业的前沿探索与实践**。公司已形成云端智能机器人、云端大脑及大模型研发、生产、销售和运营的完整端到端产业化能力，服务客户上千家，产业链合作伙伴数百家。达闼机器人在自然语言处理、机器视觉、数字人模拟等领域拥有深厚的技术积累，并成功将人工智能大模型 RobotGPT 应用于能源电力、医疗健康、金融保险、交通枢纽等多个重点行业。达闼机器人与合作伙伴共同推动"AI+未来工厂"概念的实践，尤其在智慧工厂场景中引入搭载 AI 大模型的人形机器人，推动智能制造的发展。公司还计划针对智慧家庭领域，探索高智能的家用产品和服务应用场景，打通人形机器人在家庭环境中的应用瓶颈，为家庭用户带来更为便捷、智能的生活体验。

　　达闼机器人将继续以技术创新为核心，推动人形机器人技术在更多领域的应用。公司将携手合作伙伴，共同开发 AI 产品及市场应用解决方案，致力于帮助企业级客户获取更强的 AI 竞争优势并实现可持续增长。随着 RobotGPT 大模型的进一步应用和完善，达闼机器人期待在工业生产和家庭生活中实现更多的智慧创新，引领具身智能新方向，共创增长新蓝海。公司坚持高比例的研发投入，专注于服务机器人的研制领域，与国际巨头抢赛道、抢时间。达闼的人形机器人 Gingerxr-1 已经发展到 2.0 版本，其柔性关节从 1.0 版本的 34 个增加至 2.0 版本的 41 个，7 自由度、能负重 5 千克的灵巧手，续航时间超过 24 小时，还能切换不同角色，通过视觉和语音感知人类情绪。为了推动智能柔性关节产业发展，达闼在上海创建了制造基地来量产关节，为产业解决终端难题。目前，这个智能机器人产业基地一期已于 2023 年年底使用并投产。达闼将利用人工智能和机器人技术，结合 5G 通信技术，建立自动化、数字化、联网化和共享化的智能工厂，用来满足各类服务机器人和智能执行器（SCA）的研发和生产工作。

## 三、优必选

　　优必选成立于 2012 年 3 月，是全球领先的人工智能、人形机器人研发、制造和销售为一体的高科技创新企业。秉承让智能机器人走进千家万户，让人类的生活方式变得更加便捷化、智能化、人性化的使命，优必选自研人工智能算法，并实现了机器人伺服驱动器的大规模量产。公司专注于人工智能及机器人核心技术的应用型研发、前瞻性研发与商业化落地，布局了包括高性能伺服驱动器、机械传动、运动规划与控制、计算机视觉与感知、智能语音交互、即时定位与地图构建（SLAM）与导航、人机交互和手眼协调等核心技术，同时推出了机器人操作系统应用框架（ROSA）及机器人操作系统。在此基础上推出了商用服务机器人和个人/家用服务机器人等一系列产品，同时提供人工智能教育、智慧物流、智慧康养、智慧防疫、商用服务、智慧巡检等行业的解决方案。该公司以智能机器人为载体，以人工智能技术为核心，打造"硬件+软件+服务+内容"的智能服务生态圈，为各行各业的客户提供一站式服务，致力于解决社会重大问题和满足社会重大需求。

**聚焦核心技术突破和发展**。优必选主攻人形机器人全栈技术，并以此为核心，形成了人工智能教育、智慧物流、智慧康养等行业的智能服务机器人产品及解决方案。从核心技术上看，优必选的壁垒之一在于伺服驱动关节及机器人运动规划和控制，这是人形机器人区别于传统机器人本体的关键技术，也就是人体的"关节"所在。在近10年的时间里，优必选完成了从小扭矩伺服驱动器到大扭矩伺服驱动器的批量生产，是极少数实现多系列伺服驱动器量产及实际产品应用的公司。此外，优必选还是全球首家将双足真人尺寸人形机器人的成本降低至10万美元以下的公司，其降本策略之一在于生产环节自主化。例如，优必选推行核心技术自研、关键产品和零部件自主化，通过全栈生产的能力，在全链条的各个环节进行成本控制。

**布局智能机器人终端产品解决方案，拓展垂直领域**。基于核心技术，优必选开发了多款不同的终端产品。优必选现有的产品线根据细分市场划分为四类：教育智能机器人产品及解决方案、物流智能机器人产品及解决方案、其他行业定制智能机器人产品及解决方案，以及消费级机器人和其他智能硬件设备。优必选在教育方面应用优势突出，其教育产品适用于基础教育至高等教育。这些教育产品以教学机器人为载体，配合机器人教材、编程软件等，将教学机器人与人工智能教育课程相结合，同时根据基础教育、职业教育、学前教育等不同场景，推出差异化的解决方案。以悟空为例，它可用于家庭的"教育+娱乐+陪伴"，搭载有AI编程、明星课堂、智能相机、监控、物体识别等多种功能。在物流智能机器人方面，优必选主要为新能源汽车、物流公司等企业的工厂和仓库提供室内物流智能机器人解决方案。

# 第四节　重点学院

## 中国科学技术大学人形机器人研究院

中国科学技术大学人形机器人研究院是中国科学技术大学下属的研究机构，于2024年6月18日正式揭牌成立。中国科学院院士丁汉教授受聘为研究院科技委员会主任，同时，长三角人形机器人联盟宣布成立，标志着中国科学技术大学在人形机器人领域的研究进入新的发展阶段。该研究院集中了全校相关学科领域的顶尖科学家和工程师，致力于打造一个面向世界科技前沿、具有安徽特色的人形机器人综合研究平台。中国科学技术大学人形机器人研究院专注于人形机器人的前沿技术研究，涵盖材料传感、结构驱动、运动控制，以及具身智能等多个关键技术领域。研究院将发挥中国科学技术大学多学科交叉优势，在材料传感、结构驱动、运动控制（小脑）、具身智能（大脑）等方向争取技术突破，获得标志性成果。研究院以国家战略需求为导向，旨在通过科技创新推动新质生产力发展和产业优化升级，为国家赢得科技竞争主动权提供重要支撑。

**推动多学科交叉融合，实现人形机器人技术突破**。研究院充分发挥中国科学技术大学的学科优势，推动机械、人工智能、力学、材料、仪器、控制、计算机等多学科的交叉融合，为解决人形机器人发展中的关键技术问题提供创新思路和解决方案。中国科学技术大学人形机器人研究院在机器人灵巧手、认知和自主学习等方面取得了重要进展。例如，佳佳机器人取得服务机器人冠军，主持重要国际会议；灵巧手相关工作文章发表在《自然-机器智能》（*Nature Machine Intelligence*）杂志上，获 2024 日内瓦发明金奖、2023 机器人应用创新奖；双足行走两条技术路线文章均入围 IEEE 国际会议最佳论文奖。这些成果展示了研究院在多学科交叉融合方面的强大实力，为人形机器人技术的发展提供了有力支持。

**深化产学研合作，加速科研成果产业化进程**。中国科学技术大学人形机器人研究院在技术创新的基础上，积极推进人形机器人在服务、医疗、教育等领域的应用。通过与企业的合作，研究院加快了科研成果的产业化进程，推动人形机器人技术在实际场景中的应用和普及。该模式不仅促进了技术的快速应用，也为企业提供了强大的技术支持，实现了双方的共赢。此外，研究院还积极参与人才培养和学术交流活动，通过举办人工智能与人形机器人前沿论坛等活动，汇聚国内外专家学者，共同探讨人形机器人的发展趋势和应用前景，为中国乃至全球的人形机器人技术发展贡献智慧和力量。

## 第五节 重点机构

### 国家地方共建具身智能机器人创新中心

国家地方共建具身智能机器人创新中心（简称"创新中心"）成立于 2023 年 11 月，位于北京经济技术开发区（北京亦庄），是国内首家聚焦于具身智能机器人核心技术、产品研发、应用生态建设的创新中心。创新中心构建了"公司+联盟"的发展模式，组建专家委员会和产业联盟，推动多技术路径探索，促进创新成果转化，构建了良好的产业生态。创新中心由机器人整机、核心零部件、大模型等企业共同组建，包括北京小米机器人技术有限公司、北京优必选智能机器人有限公司、北京京城机电产业投资有限公司等。创新中心的目标是面向未来，打造全球首个通用人形机器人"硬件母平台"和首个大模型+开源运控系统"软件母平台"，围绕人形机器人行业亟待解决的关键共性问题，开展通用人形机器人本体原型、人形机器人通用大模型、运控系统、工具链、开源OS 及开发者社区 5 项重点任务攻关。

**通用人形机器人本体原型**。创新中心专注于开发高度模块化和可重构的机器人本体原型，从而在多种环境和应用中展现出卓越的适应性和灵活性。创新中心致力于提升机器人的机动性和稳定性，通过采用先进的材料和设计方法，如 3D 打印和仿生设计，可减轻其重量并增强其耐用性。此外，创新中心还着重研究如何通过集成多功能传感器和执行器来增强机器人的感知和交互能力。

**人形机器人通用大模型**。创新中心正在构建一个强大的通用大模型，该模型基于人工智能和机器学习技术，能够处理复杂的数据集，并为人形机器人提供决策支持。同时该模型不仅能够学习和模仿人类行为，还能够适应不断变化的任务需求，实现自主学习和优化。通过集成多模态感知能力，能够提升机器人对环境的理解，从而在非结构化环境中更加自如地工作。

**运控系统**。创新中心研发的运控系统结合了先进的控制算法和实时计算技术，以实现人形机器人的精准运动控制。该系统特别关注机器人的平衡性、协调性和敏捷性，通过实时反馈和预测控制策略，确保机器人在执行复杂任务时的流畅性和准确性。同时，运控系统还具备自我诊断和适应性调整的能力，以应对意外情况和动态变化。

**工具链**。为了支持人形机器人的全生命周期管理，创新中心正在构建一个集成设计、仿真、制造、测试和维护等各个环节所需的工具和流程的工具链。通过提供标准化和自动化的解决方案，工具链旨在简化开发过程，缩短产品上市时间，并提高生产效率。此外，工具链还包括了用于机器人编程和技能开发的软件工具，以降低技术门槛，促进创新。

**开源 OS 及开发者社区**。创新中心积极推动开源文化，开发了适用于人形机器人的开源操作系统。该系统提供了一个共享平台，允许开发者、研究人员和企业共同参与机器人技术的开发和创新，并通过建立活跃的开发者社区，创新中心鼓励知识共享和技术协作，加速人形机器人技术的演进。开源 OS 还支持定制和扩展，以适应不同用户和应用场景的特定需求。

# 生物制造篇

第十章

# 生物制造

生物制造是一种利用生物体或生物系统的代谢和催化功能，通过工业化规模生产方式制造人类所需产品的新兴技术领域。它融合了生物学、化学、工程学等多学科知识，是推动生物经济发展的重要引擎。近年来，随着全球面临资源短缺、环境污染、气候变化等挑战，传统制造业在原料可持续性、生产过程清洁化、产品功能化等方面仍存在一些亟待解决的问题。这些挑战对生物制造提出了更多更高的要求，推动了以合成生物学、人工智能等为代表的新一代生物制造技术的快速发展。生物制造产业涵盖了从基础研究、技术开发到产业化应用的全链条，是生物经济的核心支柱之一，也是全球未来产业发展的重要方向。随着"十四五"生物经济发展规划的实施和国家战略性新兴产业的布局，生物制造等新兴业态得到长足发展。围绕中国经济、科技和社会发展的需求，加快发展生物制造产业，将促进中国生物经济的高质量发展，并在全球生物技术竞争中占据有利地位。

## 第一节　发展情况

中国的生物制造产业展现出巨大的发展潜力和活力。2023 年被视为中国生物制造产业发展的里程碑年份。根据赛迪顾问《2023—2024年中国生物制造产业发展研究年度报告》，2023 年中国生物制造市场规模达到 8750 亿元，再创历史新高，全球市场规模为 11350 亿美元，反映了行业的快速发展，也预示着中国在全球生物制造领域的地位正在不断提升。赛迪顾问预测，到 2026 年，中国生物制造市场规模有望达到 1.3 万亿元，2024—2026 年的年复合增长率预计将达到 14.1%。资本机构的预测更为乐观，认为未来十年中国生物制造产业有望保持接近 17% 的高速增长。易凯资本预测，到 2033 年，中国生物制造市场规模有望达到近 2 万亿元。国家发展改革委产业经济与技术经济研究所则预测，到 2035 年，中国生物制造产业规模有望超过 15 万亿元。综合多方预测，2024—2035 年中国生物制造市场规模的年复合增长率预计可达到 14%～20%，到 2030 年，市场规模有望超过 3 万亿元。这一增长趋势凸显了生物制造作为战略性新兴产业的重要地位和巨大发展潜力。

**生物制药继续占据中国生物制造市场的较大份额。**中国的生物制药产业正在加快创新发展步伐，在抗肿瘤药、抗体药、疫苗、中药现代化等领域的技术创新发展尤为活跃。技术路线呈现多元化趋势，市场需求旺盛，这为生物制药领域的持续增长提供了强劲动力。食品行业是生物制造技术应用的另一个重要领域。作为全球食品生产消费第一大国，2023 年，中国食品工业的生物制造技术渗透率已达 10% 以上，这一数字仍在不断增长。值得特别关注的是，中国在大宗生物发酵产品方面表现尤为突出，产量占全球 70% 以上。以基因编辑、细胞工厂、酶工程等为代表的新技术在食品领域的应用正在快速发展，这不仅提高了食品生产的效率和质量，也为解决食品安全、营养健康等社会问题提供了新的途径。在生物基材料方面，中国已初步形成了包括生物基合成纤维、生物基纤维素纤维、海洋生物基纤维、生物蛋白复合纤维等在内的生物基材料产业体系。2023 年，中国生物基材料市场规模已达约 300 亿元，产量超过 270 万吨。这一领域正在成为生物制造产业的新增长点，不仅为传统材料产业提供了更环保、更可持续的替代选择，也为新材料的开发和应用开辟了广阔的发展空间。生物制造领域重点行业突破性进展如表 10-1 所示。

表 10-1 生物制造领域重点行业突破性进展

| 重 点 行 业 | 突破性进展 |
| --- | --- |
| 生物制药 | 中国中医科学院中药资源中心等单位合作开发 KH617 新型制剂，有望成为国内首个合成生物学来源的植物天然产物新药，用于治疗晚期实体瘤和复发胶质母细胞瘤 |

续表

| 重 点 行 业 | 突破性进展 |
|---|---|
| 生物制药 | 珲达生物成功开发并向国内外几十家科研机构商业化供应纯度高达 98%以上的衣霉素，用于抑制革兰氏阳性菌、真菌病毒的生长和繁殖、抗肿瘤治疗 |
| | 双虹生物实现生物合成天麻素的全球首次商业化规模生产，有效降低生产成本并提高市场供给能力 |
| 食品行业 | 中国农业科学院团队通过解析大豆疫霉菌几丁质合成酶的冷冻电镜结构，成功破译几丁质生物合成完整过程。几丁质可用于食品、医用材料、药品等行业 |
| | 江南大学利用酿酒酵母构建底盘细胞，通过代谢改造和强化等技术，实现血红蛋白（Hb）和肌红蛋白（Mb）高效合成。Hb 和 Mb 是含铁的血红素类蛋白，可用于食品添加剂和人造肉生产 |
| | 食未科技与东富龙合作建设的中国首座细胞培养肉千升吨级中试工厂落地 |
| 生物基材料 | 江苏太极"子午线轮胎冠带用生物基聚酰胺 56 工业丝和浸胶帘线的开发与应用"在全球首次实现 PA56 工业丝和浸胶帘线的量产，整体技术达到国际领先水平 |
| | 国家标准《塑料　生物基塑料的碳足迹和环境足迹　第 1 部分：通则》正式实施，为生物基制品提供具体生命周期碳足迹评价要求和指南，助推生物基塑料等行业碳中和标准体系建立 |

（资料来源：赛迪整理）

# 第二节　发展特点

## 一、政策支持力度不断加大，发展势头迅猛

自"十二五"时期起，科技部就开始启动合成生物学研究项目。在《"十三五"生物技术创新专项规划》中，合成生物技术被列为"构建具有国际竞争力的现代产业技术体系和发展引领产业变革的颠覆性技术之一"。2021 年 12 月，国家发展改革委发布的《"十四五"生物经济发展规划》多次提及合成生物学，强调了底层技术建设的重要性，并指出其在医药、农业、食品等领域的广泛应用前景。这一规划为合成生物学和生物制造产业的发展指明了方向。2024 年 3 月，李强总理在政府工作报告中提出，要加快发展新质生产力，将生物制造等产业作为经济新

增长引擎积极打造。这一表述进一步凸显了生物制造在国家战略层面的重要地位。与此同时，地方政府也纷纷行动起来。北京、江苏、深圳、上海、重庆等地已陆续出台支持合成生物学产业发展的配套政策，通过提升创新研发能力、完善产业链等措施，推动本地合成生物产业的蓬勃发展。这种中央与地方协同推进的态势，为中国合成生物学和生物制造产业的快速发展创造了良好的政策环境。

## 二、技术创新驱动力强劲，自主创新能力不断提升

近年来，中国在合成生物学、代谢工程、发酵工程等核心技术领域取得了一系列重大突破。以合成生物学为例，2021 年，中国科学院天津工业生物技术研究所实现了二氧化碳到淀粉的从头合成，其合成速率是玉米淀粉合成速率的 8.5 倍，这一突破性成果不仅展示了中国在生物制造领域的创新实力，也为解决全球粮食安全和气候变化问题提供了新的可能性。此外，在工业酶开发、微生物菌株改造等方面，中国科研机构和企业也取得了显著进展，多家企业成功开发出高效的工业酶制剂，在纺织、造纸、食品加工等领域得到广泛应用，大幅提高了生产效率并减少了环境污染。例如，江南大学开发出高效纤维素酶，其酶活性较传统酶提高 50%以上。2023 年，中国科学院微生物研究所在微生物细胞工厂构建方面取得突破，实现了抗生素前体 7-ACA 的高效生产。这些技术创新不仅缩小了与国际先进水平的差距，也为中国生物制造产业的持续发展注入了强劲动力。

## 三、产业链布局日趋完善，产业集群效应逐步显现

中国已形成较为完整的生物制造产业链，特别是在生物基材料、生物医药等重点领域。京津冀地区生物制造产业发展门类较全，起步较早；长三角地区成为重点企业聚集的地区，生物制造产业规模大；珠三角地区生物制造产业聚焦于化妆品原料、生物基化学品等领域。以长三角地区为例，依托强大的科研实力和完善的产业基础，已形成生物制造产业带，重点企业涉及生物制药、生物化工、生物材料、食品原料、天然产物、化妆品原料等多个领域。同时，各地政府也在积极推动生物制造产

业园区的建设，为产业集聚和创新提供了良好的空间载体。上海张江生物医药基地建立合成生物创新中心，该中心由赵国屏院士团队与张江集团共同发起成立，集成了创新孵化、技术平台、产品转化、天使投资、监管科学和展示交流等功能。武汉光谷生物城已集聚各类生物企业，形成了从基础研究到产业化的完整链条。

## 四、市场应用领域不断拓展，新兴业态蓬勃发展

生物制造技术在传统上主要应用于医药、化工等领域。在医药领域，生物制造技术正在革新药物研发和生产过程。例如，利用合成生物学技术生产的胰岛素、生长激素等生物药，不仅提高了药物的安全性和有效性，也大幅降低了生产成本。近年来，生物制造技术正快速渗透到能源、材料、农业等多个领域。在生物基材料领域，2023 年中国生物基材料市场规模超 300 亿元。在生物能源领域，2023 年，受益于石油价格上涨，中国生物燃料乙醇年产量稳步增长，产量约为 340 万吨。新兴领域（如合成生物食品）快速发展，众多生物合成的食品添加剂和食品加工用酶制剂获批使用。生物制造在美妆领域的应用也取得突破，中国成为第一个有能力生产全部类型透明质酸的国家，预计 2025 年透明质酸注射市场规模达到 466 亿元。

# 第三节　重点企业

## 一、蓝晶微生物

蓝晶微生物成立于 2016 年，由北京大学张浩千博士和清华大学李腾博士共同创立。该公司是一家专注于合成生物学领域的企业，致力于设计、开发、制造和销售新型生物基分子和材料，特别是生物可降解材料 PHA（聚羟基脂肪酸酯）。显著降低 PHA 生产成本，使其与传统石化塑料成本相近，成为全球第三家、中国第一家实现这一突破的公司。公司在资本市场上获得包括腾讯、高瓴资本等顶级机构及国家混改基金等的支持，2023 年 2 月，完成 B4 轮融资，使得 B 轮总共获得 19 亿元的融资，一举成为合成生物学一级市场最受关注的企业之一。

　　蓝晶微生物的商业化路径聚焦于市场导向，选品策略明确，旨在解决大市场高毛利的技术难题。公司已在江苏盐城滨海建成年产 5000 吨 PHA 的超级工厂 BioFAB1，并在规划二期工程，以形成每年 25000 吨的 PHA 供应能力。此外，公司还积极探索 PHA 在餐饮具、包装、纤维纺织等领域的应用，推动环保和可持续发展。

　　以"T 型战略"作为公司发展的核心驱动力。"横"为合成生物学研发平台 SynBio_OS，"纵"为生物可降解材料 PHA 及通过研发平台实现落地转化的其他产品管线。公司在 PHA 研发和产业化过程中积累的数据和经验，通过工业 4.0 技术进行沉淀和复用，形成核心竞争力。为实现这一战略，蓝晶微生物组建了跨学科团队，开发 SynBio_OS 平台。该平台包括柔性自动化实验平台、超高通量发酵平台和智慧云端数据系统三大模块，预计 2023—2025 年可将单个产品研发周期缩短 70%。同时，公司正在研发以生物废弃物为原料的 PHA 合成技术，计划在盐城市滨海县打造"零碳"产业链。除 PHA 外，蓝晶微生物还在拓展再生医学材料、美妆新功能成分等新的产品管线，并探索创新商业模式。这些举措标志着蓝晶微生物向"1 个超级实验室+N 个超级工厂"的创新综合体目标迈进，致力于赋能合成生物学价值链上下游合作伙伴，共同实现可持续发展。

　　**着力巩固行业技术领先地位。**蓝晶微生物将研发创新作为核心竞争力，每年投入营收的 15%以上用于研发。2022 年，蓝晶微生物成功开发出新一代 PHA 生产菌株，发酵产率提高 30%，显著降低了生产成本。2023 年，公司在生物基单体合成方面取得突破，成功实现了从二氧化碳到生物基丙烯酸的直接合成，为碳中和技术路线提供了新思路。蓝晶微生物还与清华大学、中国科学院天津工业生物技术研究所等高校和科研院所建立了长期合作关系，共同推进基础研究向产业化转化。

　　**提升全球市场影响力。**蓝晶微生物在菌株研发、生物转化、分离纯化、材料改性等 PHA 相关技术链的各个环节均有丰富的技术储备与知识产权布局，产品性能已通过多个世界 500 强企业客户的验证，并获得了多家企业的订单和意向订单；同时，蓝晶微生物已和世界多个国家及地区的多个合作伙伴签署了战略合作协议，以持续拓展 PHA 的全球市场。例如，2022 年，公司与荷兰创新公司 Helian Polymers 达成合作协

议，开发基于 PHA 的新产品，作为现有石油基塑料的直接替代品，以适应不同的应用场景。此外，公司还与蝶理株式会社合作，共同开发日本市场，特别是针对蓝素™生物材料的市场推广。同年，蓝晶微生物正式加入联合国全球契约组织（United Nation Global Compact，UNGC），成为中国第一家加入该组织的合成生物学公司。

## 二、凯赛生物

凯赛生物成立于 2000 年，是一家以合成生物学等学科为基础，利用生物制造技术，从事生物基新材料的研发、生产及销售的高新技术企业。公司主要业务集中在聚酰胺产业链，包括生物基聚酰胺及其单体原料，如系列生物法长链二元酸和生物基戊二胺。凯赛生物在全球生物法长链二元酸市场中占据主导地位，与多家全球知名企业建立了合作关系。

凯赛生物通过其创新的生物制造技术，不仅在材料领域取得了突破，还在资本市场和产业合作方面展现了其强大的实力和发展潜力。公司总部位于上海张江高科技园区，拥有研发中心和生产基地，其中生产基地位于金乡、乌苏和太原。凯赛生物的产品广泛应用于汽车、电子电器、纺织、医药和香料等多个领域。公司还拥有多项核心技术，覆盖合成生物学、细胞工程、生物化工和高分子材料与工程等领域。截至 2024 年第三季度，公司已获得包括 318 项发明专利在内的共 406 项专利。

**深化合成生物学技术，推动产品创新与应用拓展**。公司坚持以合成生物学技术为主导，不断加大研发投入，推动技术革新。凯赛生物的研发团队由多学科交叉的专业人才组成，专注于合成生物学、细胞工程、生物化工等领域的前沿技术研究。公司不仅在生物法长链二元酸系列产品领域取得全球市场主导地位，还成功开发了生物基戊二胺及生物基聚酰胺等新型材料。2021 年，公司研发的生物基新材料——泰纶（5X 系列产品）已进入国内外知名服装品牌的供应商名单。凯赛生物利用合成生物学技术，不断推动产品创新，拓展新材料的应用场景，如在交通运输、风电叶片等领域推进"以塑代钢"策略。

**加强产业链整合，提升规模化生产能力**。公司通过全产业链的布局，实现从原材料生产到终端产品制造的一体化生产。凯赛生物的生产基地位于金乡、乌苏，并在太原建设第三个生产基地，充分利用当地资源优势，降低生产成本。同时，公司还积极扩充产能，与山西转型综合改革示范区管理委员会合作打造"山西合成生物产业生态园区"，计划总投资 250 亿元，分期建设生物基聚酰胺等项目。凯赛生物采取双管齐下的发展策略，一方面，不断扩大生产规模，提高产能；另一方面，积极向产业链下游拓展，以增强整体市场竞争力。凯赛生物投入大量资源，专注于生物基长链聚酰胺、耐高温聚酰胺、聚酰胺弹性体，以及农业废弃物利用和可降解材料等多个前沿领域的研发工作，为未来在下游应用领域的深入发展和业务版图的扩张打下了坚实的基础。

**拓展产品线，开发高附加值市场。**凯赛生物紧密围绕市场需求，开发适应不同应用领域的产品。在 2024 年 CHINAPLAS 展会上，凯赛生物针对汽车领域推出生物基聚酰胺改性及热塑性复合材料产品组合和材料解决方案，以替代传统材料。此外，公司还积极探索生物基新材料在地板、建筑材料等领域的应用，以拓宽市场空间；同时，积极拓展国际市场，与全球知名企业建立合作关系。公司已与杜邦、艾曼斯、赢创、诺和诺德等国际化工新材料行业龙头企业建立了长期稳定的商业合作关系。

## 三、川宁生物

川宁生物是中国生物制造领域的龙头企业之一，拥有完整的合成生物学技术平台和产业化能力。公司在生物制造领域的布局涵盖大宗化学品、化妆品及保健品活性成分、医药中间体等多个方向。近年来，公司业绩增长迅速，2023 年营收及归母净利润分别为 48.23 亿元、9.41 亿元，同比分别增长 26.24%、128.56%。这一亮眼的业绩表现，充分彰显了川宁生物在生物制造领域的强劲实力和巨大潜力。

**构建全面的研发体系。**公司建立了以锐康生物（上海研究院）为核心的研发体系，专注于合成生物学选品、体内/体外代谢路径构建及小试前的研发工作。这种研发布局不仅确保了公司在基础研究领域的领先地位，也为产品的持续创新提供了坚实的基础。目前，公司已经构建了包括大肠杆菌、酵母、链霉菌、枯草芽孢杆菌、谷氨酸棒状杆菌在内的 5 类优质底盘菌种，以及 700 万余个自主 IP 酶库和 2000 余个实体酶工

具箱。这些技术储备为川宁生物在不同应用领域的拓展提供了强大支撑。公司通过持续的技术创新，不断优化发酵工艺，提高产品质量和生产效率。例如，其合成生物法生产的(-)-α-Bisabolol 红没药醇产品的天然度已达到 100%，纯度大于 98%。

推进产业化进程。川宁生物注重将研发成果转化为实际生产力。川宁生物将成功的工艺包向伊犁的巩留生产基地交付，进行百千克级的中试验证、大规模发酵、分离纯化，直至最终达到成品及开发应用。公司在新疆伊犁巩留建设的绿色循环产业园，可年产红没药醇 300 吨、5-羟基色氨酸 300 吨、麦角硫因 0.5 吨、依克多因 10 吨、红景天苷 5 吨、诺卡酮 10 吨、褪黑素 50 吨、植物鞘氨醇 500 吨等产品。此外，公司还计划陆续推出化妆品活性原料 RCB112、饲料添加剂 RCB114、保健品原料 RCB108 等产品。

加强区域合作，构建开放式创新生态。川宁生物积极参与区域合作，致力于构建开放式的创新生态系统。川宁生物与北京微构工场、上海金理科技等公司建立了战略合作关系，布局 PHA（聚羟基烷酸酯）、AI 赋能发酵产业、AI 辅助合成生物学等方面的研发。同时，公司还积极与高校、科研院所开展合作，通过产学研结合，加快科技成果转化。这种开放式的创新模式使川宁生物能够充分利用外部资源，提高创新效率，同时也为行业的整体发展做出贡献。

# 第四节　重点学院

## 清华大学生物制造中心

清华大学生物制造中心是中国生物制造领域的重要研究机构之一，在生物制造及快速成形技术方面具有深厚的研究积累和突出的创新能力。该中心的前身是清华大学生物制造工程研究所和机械工程系快速成形中心。目前，该中心是生物制造与快速成形技术北京市重点实验室、"111 计划"生物制造与体外生命系统工程交叉学科创新引智基地的挂靠单位。中心的目标是立足北京、面向世界，在生物制造及快速成形领域，建设成有国际影响力的科研、教育、人才培养基地，探索并开拓先进制造技术与科学在生物医学工程中的创新应用，促进和引领生物制造新兴学科的发展。

清华大学生物制造中心的研究工作始于 20 世纪 90 年代初，最初主要聚焦于快速成形技术（现称"增材制造"或"3D 打印"）的研究和探索。中心目前已开发了多项具有自主知识产权的增材制造技术，包括熔融挤出制造（MEM）、多功能快速成形系统（M-RPMS）、分层实体制造（SSM）、无模铸型制造（PCM）、冷冻冰成形（FIC）等，已获得包括北京市科技进步奖一等奖和国家科技进步奖二等奖在内的多项重要奖项。2000 年以后，中心拓宽了研究范围，将重点扩展到金属材料和生物材料及细胞的快速成形技术研究，开发了电子束选区熔化制造（EBSM）、低温沉积制造（LDM）和三维细胞受控组装（3DCCA）等增材制造和生物三维打印技术与装备。这些技术的开发为生物制造领域带来了新的突破，为组织工程、再生医学等领域提供了重要的技术支持。

**在科学研究方面**，中心重点关注生物材料科学、细胞生物学与组织工程、生物力学与生物物理学，以及再生医学基础研究等领域。生物材料科学研究聚焦于新型生物材料的设计、合成和性能调控，重点研究材料与细胞、组织的相互作用机制，以及材料在生物环境中的降解行为和长期效应。细胞生物学与组织工程方向探究细胞在三维环境中的生长、分化和功能表达规律，研究不同类型细胞的相互作用及其与细胞外基质的相互影响，为构建复杂的功能性组织和器官提供理论基础。生物力学与生物物理学方向关注生物材料和细胞、组织在微观和宏观尺度上的力学性能，探索力学因素对细胞行为和组织功能的影响，同时研究生物系统中的物质传输、能量转换等物理过程。再生医学基础方向探究干细胞在三维环境中的调控机制，研究组织和器官的再生过程，为开发新型再生医学治疗策略提供科学依据。

**在技术研究方面**，中心主要关注生物 3D 打印技术、智能化生物制造系统、生物反应器与微流控技术、生物材料加工技术，以及生物制造质量控制与表征技术等领域。生物 3D 打印技术方向致力于开发高精度、多材料、多尺度的生物 3D 打印技术，提高打印速度和分辨率，扩展可打印材料的范围，重点研究生物墨水配方、打印参数优化、跨尺度打印策略等关键技术。智能化生物制造系统方向结合人工智能、大数据、物联网等新兴技术,开发智能化、自动化的生物制造系统,重点研究实时监测、自适应控制、数据驱动优化等技术,实现生物制造过程的精准控制和效率提升。生物反应器与微流控技术方向致力于开发新型生物反应器和微流控芯片,用于细胞培养、组织构建和药物筛选,研究微环境控制、灌流培养、动态刺激等技术,模拟体内生理环境。生物材料加工技术方向聚焦于生物材料的精密加工、表面改性和功能化技术,开发新型生物支架材料和功能性植入物,重点关注材料的微纳结构调控、梯度功能设计等方面。生物制造质量控制与表征技术方向致力于开发用于生物制造过程和产品质量控制的新型检测、表征技术,研究无损检测、在线监测、多模态成像等方法,提高生物制造产品的质量一致性和可靠性。

在学科建设方面,中心积极推进交叉学科平台构建、国际合作网络拓展和新兴方向布局。中心牵头组建了"生物制造与再生医学交叉研究平台",整合了生物学、材料科学、机械工程、医学等多个学科的研究力量,促进了跨学科合作和创新。同时,中心与美国麻省理工学院、哈佛大学等国际知名院校建立了长期合作关系,共同开展前沿科研项目,提升了中心的国际影响力。此外,中心还新设立了"智能生物制造实验室"和"合成生物学与生物制造实验室",布局人工智能与生物制造融合、合成生物学应用等新兴研究方向。

在人才培养方面,中心创新跨学科人才培养模式,加强国际化人才引进,并推进产学研联合培养。中心设立了"生物制造与再生医学"交叉学科博士项目,培养具有跨学科背景的高层次创新人才。通过"清华大学全球人才招聘计划",中心引进了多位海外高层次人才,增强了科研实力。同时,中心与多家生物技术企业合作设立联合培养基地,为学生提供实践机会,培养具有产业视野的复合型人才。

在产学研合作方面,中心致力于技术转化平台建设、产业联盟组建和创新孵化体系完善。中心成立了"清华大学生物制造技术转化中心",搭建科研成果产业化的桥梁,促进技术转移和商业化应用。同时,中心牵头组建了"中国生物制造产业技术创新战略联盟",汇聚产学研各方力量,推动行业共性技术研发和标准制定。此外,中心在清华科技园设立了"生物制造创新孵化器",为生物制造领域的初创企业提供全方位支持。

　　**在重大成果方面**，中心在多个领域取得了突破性进展。中心开发出可实现微米级精度的多材料同时打印系统，在构建复杂类器官结构方面取得突破，相关成果发表在《自然-材料》（*Nature Materials*）杂志上。中心研发的 AI 辅助生物制造控制系统显著提高了细胞生长效率和产品质量的一致性，已在多家生物制药企业进行产业化应用。中心还开发出一种新型温度响应性水凝胶材料，在组织修复和药物缓释领域展现出广阔的应用前景，相关专利已获授权。此外，中心利用生物 3D 打印技术成功构建了功能性肝脏微组织，为肝脏疾病的体外模型研究提供了新工具，相关成果发表在《科学-转化医疗》（*Science Translational Medicine*）杂志上。

# 第五节　重点机构

## 中国科学院天津工业生物技术研究所

　　中国科学院天津工业生物技术研究所（简称"天津工业生物所"）是中国生物制造领域的重要科研机构之一，在合成生物学和生物制造技术的研发与应用方面处于国内领先地位，主要研究方向包括合成生物学、工业酶工程、微生物代谢工程、生物反应与分离工程等。天津工业生物所围绕国家重大需求，开展了一系列应用研究，在生物基化学品、生物基材料、医药中间体等领域取得了显著成果。作为国家级科研机构，天津工业生物所在推动中国生物制造产业发展中发挥了重要作用。天津工业生物所与多家企业开展合作，通过技术转让、联合研发等方式，将科研成果转化为产业应用，助力众多生物制造企业的技术升级和产品创新。天津工业生物所拥有多个国家级科研平台，包括合成生物学创新研究院、工业生物技术国家重点实验室等。这些平台为开展高水平科研工作提供了有力支撑，也推动了产学研深度融合。天津工业生物所还与多所高校合作，培养了大批合成生物学和生物制造领域的专业人才。在国际合作方面，天津工业生物所与美国、欧洲等国家和地区的顶尖研究机构建立了密切的合作关系，积极参与国际学术交流和合作研究项目。这种国际化的研究视野使得天津工业生物所能够紧跟全球生物制造领域的发展趋势。

**合成生物学基础研究与平台构建。**天津工业生物所在合成生物学领域的研究涵盖了从基础理论到应用技术的多个层面。天津工业生物所开发了一系列先进工具和方法，包括高效的基因组编辑技术、代谢通量分析技术和合成生物学元件库等。同时，天津工业生物所正在构建新一代合成生物学技术平台，整合基因编辑、代谢工程和系统生物学等多种技术。这些工具和平台为构建人工生物系统、优化代谢网络提供了重要支持，加速了生物制造过程的设计、构建和优化。

**生物基材料与化学品开发。**天津工业生物所在生物基材料和化学品领域取得了显著成果。在生物基材料领域，天津工业生物所重点研究生物基聚酯、生物基尼龙等，开发的新型材料在性能和环保性方面具有显著优势。在生物基化学品领域，天津工业生物所专注于生物基有机酸、生物基醇类等产品的开发。例如，利用以木质纤维素为原料生产生物基丙酸的新工艺，实现了农林废弃物的高值化利用。这些研究为传统石油基材料和化学品提供了绿色替代方案。

**生物制造技术创新与应用。**天津工业生物所围绕国家重大需求，在生物制造技术方面取得了一系列突破性成果。具代表性的是 2021 年实现的二氧化碳到淀粉的从头合成，这一突破为解决粮食安全和气候变化问题提供了新思路。此外，天津工业生物所还致力于开发高效、稳定的工业酶制剂，如耐高温、高 pH 值的新型纤维素酶，显著提高了生物质转化效率。在生物制药领域，天津工业生物所利用微生物发酵技术生产高附加值医药中间体，如开发出高效生产他汀类药物前体物质的工程菌株。

**智能生物制造技术探索。**为顺应工业 4.0 的发展趋势，天津工业生物所正在积极探索人工智能、大数据等新兴技术在生物制造领域的应用。天津工业生物所正在开发智能化发酵控制系统，利用机器学习算法优化发酵过程参数，提高生产效率和产品质量。这一研究方向将传统生物制造技术与现代信息技术相结合，代表了生物制造领域的未来发展趋势。

商业航天篇

第十一章

# 商业航天

## 第一节　发展情况

　　近年来，伴随太空经济高速发展，航天产业作为业界普遍认为最具挑战性和广泛带动性的高科技领域之一，成为国家综合国力的集中体现和重要标志。美国、欧洲、俄罗斯等国家和地区均发布商业航天发展战略，加大对商业航天技术、企业、资本及人才等多方面扶持。中国高度重视商业航天产业发展，在国家政策引导下，湖北、北京、山东、上海、成都、江苏等地陆续出台商业航天发展专项政策文件（见表11-1）；在产业培育、创新发展等方面下功夫、做文章、求突破，探索本地商业航天产业发展的快进模式，为促进商业航天产业发展进一步释放政策红利，中国商业航天产业发展迈入"快车道"。

表 11-1　中国部分地区商业航天相关政策文件

| 地　区 | 发布时间 | 政策文件 | 重点方向 | 战略定位 |
|---|---|---|---|---|
| 湖北 | 2024 年 5 月 | 《湖北省突破性发展商业航天行动计划（2024—2028年）》 | 航天运输系统及航天器制造、航天配套分系统、空间应用服务、商业航天新业态 | 围绕火箭链、卫星链、数据链、服务链"四链"融合，构建"箭、星、网、端"全产业链生态体系。到2028年，建成具有全国影响力的商业航天创新发展高地 |

| 地　区 | 发布时间 | 政策文件 | 重点方向 | 战略定位 |
|---|---|---|---|---|
| 北京 | 2024年1月 | 《北京市加快商业航天创新发展行动方案（2024—2028年）》 | 可重复使用火箭、整星研制、卫星地面终端、天地一体通导遥巨型星座体系、多维度时空数字基座、空天信息规模化应用 | "南箭北星"产业空间格局 |
| 山东 | 2024年1月 | 《山东省航空航天产业发展规划》 | 运载火箭及发射服务：海上商业发射、固体运载火箭、液体运载火箭　卫星制造与应用：卫星研发制造、卫星组网及测控 | 以推动商业航天高质量发展为核心，以领军型企业、标志性工程为牵引，加快形成新质生产力，增强发展新动能，聚力打造全国航空航天产业新高地 |
| 上海 | 2023年10月 | 《上海市促进商业航天发展打造空间信息产业高地行动计划（2023—2025年）》 | 3.8米直径新一代中大型运载火箭、海上发射平台；低成本高集成卫星；卫星通信、卫星宽带、手机直连等智能终端；千帆卫星星座、智慧天网、甚高频数据交换系统（VDES）等星座组网 | 数智制造新高地 |
| 成都 | 2023年10月 | 《成都市卫星互联网与卫星应用产业发展规划（2023—2030年）》 | 整星制造、卫星载荷、卫星平台、整星AIT、地面网络终端、消费应用终端、卫星网络服务、卫星数据应用服务、卫星零部件组件、火箭零部件组件、地面终端元器件 | 卫星互联网与卫星应用科技创新策源地、高端制造集聚地、应用场景示范地和产业生态新高地 |

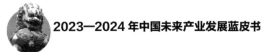

续表

| 地　　区 | 发布时间 | 政策文件 | 重点方向 | 战略定位 |
|---|---|---|---|---|
| 江苏 | 2023 年 4 月 | 《江苏省航空航天产业发展三年行动计划（2023—2025年）》 | 重点发展火箭发动机及主要结构部段、微小卫星、有效载荷和分系统研发制造，推动卫星数据与地理信息及互联网数据的深度融合，重点发展高精度定位终端和服务运营商，加快集成导航定位、通信、信息增值服务的位置运营服务平台建设，推进北斗省域广泛覆盖和深度应用 | 围绕大飞机、"两机"及载人航天等国家重大战略需求，聚焦"机、箭、星、船、器"重点领域和沿沪宁重点区域，系统推进自主创新、强链补链、企业培育、开放合作、融合发展等重点工作，加快打造具有国际竞争力的航空航天产业集群 |

（资料来源：赛迪整理）

## 第二节　发展特点

　　发射数据创造新高，**2024 年发射前景可期**。2023 年，在中美等国航天发射活动的带动下，全球航天活动在发射数量、发射质量等方面均得到大幅度提升，全年完成航天发射任务共计 223 次，合计发射航天器 2945 个，创造了运载火箭发射次数和航天器年度发射数量的历史新高。中国的各项发射数据均居全球第二，其中"长征"系列运载火箭完成 47 次发射，发射载荷累计 148 吨，发射数据大幅增长，竞争势头强劲。泰伯智库数据显示，2024 年前三季度，中国的商业航天发射次数已达 27 次，已超 2023 年全年。2024 年 11 月 30 日，长征十二号火箭在中国南海商业航天发射场顺利升空，中国首个商业航天发射场首次发射任务取得圆满成功，意味着中国商业航天产业链上的"最后一块拼图"正式补齐。

市场规模潜力巨大，投融资趋势向好。根据中商产业研究院数据，2019—2023 年，中国商业航天市场规模由 0.8 万亿元增长至 1.9 万亿元，年复合增长率达 23.3%，2024 年市场规模有望继续保持高速增长，预计将达 2.3 万亿元，市场发展空间潜力巨大。同时结合相关调研数据，商业航天投融资趋势向好，据张通社 Link 数据库不完全统计，截至 2024 年 5 月，航天航空领域共发生 54 笔融资，融资轮次多为 A 轮。例如 2024 年 2 月，上海垣信卫星科技有限公司宣布完成 A 轮融资，金额高达 67 亿元；天兵科技作为中国民营商业航天公司代表，自成立以来已完成 15 轮累计超过 40 亿元融资，尤其是 2024 年 6 月结合天龙三号大型液体运载火箭的首飞与批量化生产、天龙二号中型液体火箭的批量化生产等成功完成 15 亿元 C+轮新增融资。

企业规模逐步扩大，关键技术实现一系列新突破。企业主体方面，伴随商业航天政策环境的持续优化，中国商业航天相关企业数量持续增加。根据企查查数据，近十年中国商业航天相关企业注册量自 2014 年的 1022 家，逐步增长至 2023 年的 16889 家，为 10 年前注册量的 16 倍有余。2024 年上半年已注册 7010 家相关企业，其中前 5 个月注册量达 6045 家，与 2023 年同期基本持平。就现有企业分布区域来看，截至 2024 年 6 月，广东有 6961 家商业航天相关企业，位居中国第一；陕西、江苏分别以 5381 家、4174 家，分列中国第二、第三。此后是北京、四川等地，其企业规模也较为可观。在关键技术突破方面，一箭多星、重复使用火箭、手机直连卫星等领域持续取得突破。2023 年 6 月，长征二号丁运载火箭，成功发射吉林一号高分 06A 星等 41 颗卫星，创造了一箭 41 星的新纪录。2024 年以来，中国重复使用火箭试验持续取得重大进展。例如，6 月 23 日中国重复使用运载火箭首次 10 千米级垂直起降飞行试验圆满成功；华为 Mate 60 Pro 推向市场，成为全球首款支持卫星通话的大众智能手机，使手机直连卫星技术实现新突破。

重点产业园区等载体建设积极推进，集聚效应初步显现。北京经济技术开发区作为北京"南箭北星"产业布局中"南箭"的主要承载区，积极打造国内领先的星箭网络总部基地和创新高地，截至 2024 年 1 月，已聚集 50 余家以航天为主业的市场主体，民营火箭企业聚集度占全国的 75%。全国成功发射的商业火箭共 8 个型号，其中有 6 个在亦庄。武汉国家航天产业基地作为中国首个商业航天产业基地，可实现最高年产50 枚火箭的能力，构建起星、箭、云和航天材料齐聚的产业主链。2024 年年初，快舟火箭实现"一箭四星"发射，创造了国内商业卫星星座组网纪录。武汉国家航天产业基地已建成火箭产业园、卫星产业园、行云工程、磁电产业园等十多个产业集群，航天产业主链已经基本成形，被命名为"中国星谷"。

## 第三节　重点企业

### 一、天兵科技

北京天兵科技有限公司（简称"天兵科技"）成立于 2019 年 2 月，是中国商业航天领域首家开展新一代液体火箭发动机及中大型液体运载火箭研制的高新技术企业，经过 5 年多的高速发展，已完成 13 轮融资，企业估值超过 180 亿元，2023 年被评为中国独角兽企业。企业成功搭建"立足长三角，辐射全国"的火箭供应链体系，以及"立足全中国，面向全世界"的商业发射市场网络，致力于打造全球一流的商业航天企业。

**创新采用直接研制液体火箭的技术路径。**与选择从相对简单的固体火箭入手的企业不同，天兵科技创新采用直接研制液体火箭的技术路径，提升自身在低成本火箭发射市场的竞争力。通过多年技术创新，天兵科技成为国内首家圆满完成液体火箭飞行试验的民营火箭公司。例如，继首飞即成功的天龙二号之后，天兵科技完全自主研发了国内商业航天首款大型液体运载火箭——天龙三号。2024 年 3 月，大型液体运载火箭天龙三号一子级九台天火十二（简称 TH-12）发动机全部圆满完成校准热试车并交付首飞，标志着天兵科技大型液体火箭及液体火箭发动机进入批产化交付阶段，中国商业航天大运力液体火箭取得核心突破。

**建立健全"火箭+动力装置+部件"商业发射一体化产品体系。**在火箭发射服务方面，天兵科技是国内首个掌握火箭垂直回收软着陆缓冲控制技术的商业火箭公司，在可回收技术层面已掌握多项关键核心技术，并研制出一系列液体运载火箭产品。在动力系统配套方面，天兵科技同时为飞行器总体用户提供各型谱的动力系统产品配套。公司自主研发设计的小推力、中推力和大推力的通用型发动机产品，良好匹配于卫星推进系统、超音速飞行器推进系统、火箭及防务产品的主动力推进系统。例如，针对轻量化、低成本、快速研制的迫切需求，天兵科技在发动机比冲、重复使用性、可回收性等性能上下足功夫。在产品服务方面，天兵科技拥有强大的技术研发团队，可为用户提供火箭相关总体设计、箭体结构系统、分离系统、发射支持系统、控制遥测系统软硬件、发动机零部组件等产品的研制和技术支持。

**着力建设世界级商业航天产业基地**。2024 年 4 月，天兵科技张家港智能制造基地竣工投产，并举行天龙三号首飞箭揭牌仪式。该基地投资 40 亿元，是中国商业航天唯一为大型液体运载火箭量身定做、从零开始建设的项目，具备面积大、产能大的单体火箭总装厂房，可助力实现每年超 30 枚天龙三号火箭的产能，大大提升了批量化生产的能力和效率。同时，依托该基地可加速产品技术迭代，实现一子级火箭重复使用，提升产品质量和性能，助推中国商业航天技术的不断创新和进步。

## 二、垣信卫星

垣信卫星致力于打造便捷泛智慧的卫星互联网，积极参与相关业界标准的制定，加快推动中国商业航天关键技术研发和业务模式拓展，打造一系列空间服务新业态。尤其近年来，作为"G60 星链"实施的核心企业，垣信卫星打造的"商业低轨宽带卫星星座"系列创新成果，于 2024 年开始批量发射"G60 星链"第一批次卫星，建设周期为 2024—2027 年，持续完善中国卫星互联网星座体系布局。

**构建标准化、智能化产线**。垣信卫星加快批量化、产线化、标准化、智能化卫星制造技术突破，全面提升卫星核心制造能力和水平，打造了一批数字化的智能工厂、"灯塔工厂"，产能水平可实现每年 300 颗左右，大幅提升了生产工艺和制造水平，为企业扩展、承接批量化、智能化的中小型卫星制造业务奠定了坚实的基础。

**注重人工智能赋能产业发展**。2024 年 5 月 29 日，亚信安全与垣信卫星签署战略合作协议，加强商业航天和人工智能领域的合作。亚信安全将为垣信卫星的业务支撑系统提供信息安全技术保障，以确保系统的稳定运行和持续发展。尤其在人工智能领域，双方将共同进行大模型领

域的数据、算法、算力策划，推进语料生成、模型训练、推理应用等能力建设。

## 三、长光卫星

长光卫星成立于 2014 年 12 月，由吉林省政府、中国科学院长春光学精密机械与光学研究所、社会资本及技术骨干出资成立，是中国第一家商业遥感卫星公司。长光卫星依托"星载一体化"等关键核心技术，建立了从卫星研发、生产到提供遥感信息服务的完整产业链。长光卫星结合多年航天遥感载荷的研制经验，提出了"星载一体化"卫星设计理念，以载荷为中心的"星载一体化"技术做到了功能强、体积小、重量轻、研制及发射成本低，符合卫星技术发展趋势，并据此开展了各项关键技术攻关。长光卫星坚持"星载一体化"的技术路线，合理统筹卫星研制成本与性能指标，严格方案设计、元器件选型、整星测试等关键环节的质量管控，不断优化卫星研制技术流程，积累了宝贵的卫星研制经验。近年来，长光卫星先后获评全国专精特新"小巨人"企业、中国独角兽企业、吉林省模范集体、高新技术企业等各类荣誉 150 余项，先后获军队发明一等奖 1 项、吉林省科技进步一等奖 3 项。2024 年 4 月，胡润研究院发布"2024 全球独角兽榜"，列出了全球成立于 2000 年之后、价值 10 亿美元以上的非上市公司，显示全球独角兽企业数量达到 1453 家，其中，中国有 340 家，长光卫星位列其中，居全球第 537 位。

**聚焦遥感领域技术创新，加快航天信息产业生态建设。**长光卫星加快高精度定位与控制、高速率链路通信等关键技术创新，研发高性能激光通信终端并积极推进网络验证，加快布局卫星互联网星座。例如，"吉林一号"卫星星座是长光卫星在建的核心工程，一期工程由 138 颗高性能遥感卫星组成，截至 2024 年 4 月，长光卫星已成功实现 108 颗星座卫星的成功发射与运行，成为商用化遥感服务星座，牵引形成涵盖近 700 家上下游企业的产业集群。

**持续拓展数据服务。**长光卫星不仅专注于新技术，更发力于新模式，凭借"吉林一号"卫星星座图像质量高、响应速度快、覆盖面积广的特点，不断探索和创新应用场景，截至 2023 年 9 月，已涵盖十余个领域，衍生出 150 余项服务。2023 年 12 月，长光卫星与人民网·人民数据完成了国内首个卫星遥感领域数据资产确权项目签约,对长光卫星拥有的丰富卫星遥感数据及以卫星遥感数据为基础的空间信息综合应用服务数据,进行了数据资源持有权的梳理、审核及认证。2024 年年初,长光卫星与有关单位联合发布了"2023 年度全国新能源汽车产业生态活跃度评价"报告,成为中国首个通过卫星遥感技术开展大规模产业监测的应用研究项目,也是国内首个基于新型感知技术形成的新质生产力产业研究成果。

# 第四节　重点学院

## 哈尔滨工业大学(深圳)空间科学与应用技术研究院

中国空间科技正迎来前所未有的大发展时期,为加强中国南方空间科技的发展,哈尔滨工业大学(深圳)于 2017 年 6 月 20 日成立了空间科学与应用技术研究院。哈尔滨工业大学(深圳)空间科学与应用技术研究院下设空间天气风暴实验室、导航遥感科学实验室、行星科学实验室、空间等离子体物理实验室、低纬度空天环境监测与应用实验室、数字空间卫星大脑实验室(联合实验室)、数字空天环境军民融合实验室(联合实验室)、空间数字影像(孪生)技术与应用实验室(联合实验室)8 个实验室。该研究院具有航空宇航科学与技术学科本科、硕士、博士学位授予权,学科包括数字空间、空间天气、行星科学、空间探测、卫星导航、卫星遥感、空间等离子体物理、飞行器设计等,该学科 2021 年被评为广东省"冲补强"重点建设学科。

**空间磁测技术取得新突破。**2023 年 5 月 21 日,首颗中国内地与澳门合作研制的空间科学卫星"澳门科学一号"在酒泉卫星发射中心成功发射,大大提高了中国地球磁场的探测精度和水平。哈尔滨工业大学(深圳)是粤港澳大湾区首个承担单机级科学载荷任务的高校,由空间科学与应用技术研究院张铁龙教授和吴明雨副教授牵头组织研制的耦合暗态磁力仪(Coupled Dark State Magnetometer,CDSM)随"澳门科学一号"A 星成功发射,后续将在轨开展连续探测,联合卫星搭载的矢量磁力仪开展高精度的磁场测量,监测南大西洋地磁异常区磁场时空变化。届时,"澳门科学一号"将与中国"张衡一号"卫星、欧洲 Swarm 卫星形成良好的互补观测，为人类长期研究地磁场的演变累积宝贵的观测数据。

打造未来空天科技校企合作平台。2024 年 4 月 26 日，哈尔滨工业大学（深圳）召开空天科技产业校企座谈会，与城市安全发展科技研究院（深圳）、深圳航天工业技术研究院有限公司、深圳航天科创实业有限公司、深圳航天东方红卫星有限公司、深圳航天科技创新研究院、深圳星地孪生科技有限公司、亚太卫星宽带通信（深圳）有限公司、华为技术有限公司、深圳市魔方卫星科技有限公司、深圳市乾行达科技有限公司等多家空天科技企业共话人才培养、校企合作、产业发展，为推动空天科技产业高质量发展赋能；后续将立足现有学科基础，校区紧密对接深圳战略性新兴产业等发展需求，依托合作企业优势资源，计划在原空间科学与应用技术研究院的基础上成立空天科技学院，进一步建立双向赋能、深度合作的伙伴关系。

## 第五节　重点机构

### 中国空间技术研究院

中国空间技术研究院（简称"航天五院"）隶属于中国航天科技集团有限公司，已成为中国主要的空间技术及其产品研制基地，是中国空间事业的骨干力量，截至 2022 年 12 月，已抓总研制并成功发射了 470 余颗航天器，实现 280 余颗航天器在轨运行。航天五院圆满完成以载人航天工程、探月工程、北斗工程、高分工程为代表的重大航天任务，为实现中国航天三大里程碑跨越发展做出了突出贡献。航天五院充分发挥航天技术的优势和辐射带动作用，不断将航天新技术成果推广到国民经济的多个领域。聚焦卫星应用、智能装备、空间生物三大优势业务板块，打造了中国卫星、康拓红外、航天生物三大业务发展主体平台，形成了以京津冀、长三角和粤港澳大湾区三大重点区域为主的区域布局。2023 年度国家科学技术奖共评选出 250 个项目，其中航天五院作为第一完成单位获得国家科学技术进步奖二等奖 1 项；作为参研单位获得国家科学技术进步奖特等奖 1 项、国家技术发明奖二等奖 2 项、国家科学技术进步奖二等奖 1 项。

　　**突破商业遥感领域。**2024 年 5 月 20 日，由航天五院抓总研制的北京三号 C 星星座以"一箭四星"的方式，搭乘长征二号丁运载火箭成功发射。北京三号 C 星星座是继北京三号 A、B 卫星后，航天五院在商业遥感卫星领域的又一力作，四星组网将大幅度提升 0.5 米遥感数据获取的时间分辨率，进一步增强北京三号系列卫星在中国商业光学遥感卫星领域的影响力。

　　**打造一批"硬核技术"和"明星产品"。**近年来，航天五院在航天技术发展、成果转化及商业航天应用方面取得突出成绩，打造了以中国空间站、北斗卫星导航系统、东方红系列通信卫星、商业高分辨率光学遥感卫星、海洋盐度卫星、国产化先进部组件等为代表的宇航重大工程和商业航天领域产品，以北斗通航示范平台与终端项目为代表的低空经济领域产品，以卫星通导遥融合应用、生态产品价值动态评估与实现转化、卫星遥感"降汇增碳"综合应用为代表的产业赋能产品及项目。2024 年 6 月，航天五院抓总研制的嫦娥六号返回器在内蒙古四子王旗预定区域成功着陆，标志着人类航天器首次月背采样返回之旅圆满完成，在人类探月历史上书写了浓墨重彩的一笔。

低空经济篇

第十二章

# 低空经济

## 第一节　发展情况

　　有关数据显示，2023 年中国低空经济规模达 5059.5 亿元，增速达 33.8%。预计到 2026 年，低空经济规模有望突破万亿元。中国低空经济产业发展环境持续向好，除政策环境不断优化外，通用航空器和通用机场数量也快速增加，保障设施建设加快，产业实力不断增强，航空制造业基础能力进一步夯实，国资平台、民营企业等市场主体积极入局，部分产品领跑全球，低空经济各类应用场景的创新突破层见叠出。

### 一、地方加快落实低空经济产业政策

　　中国高度重视低空经济产业发展，2021 年中共中央、国务院印发《国家综合立体交通网规划纲要》，首次提出发展低空经济，各地积极推动相关产业发展。海南、安徽、四川、河北、西藏等地颁布了低空经济专项政策文件，对未来几年低空经济、通用航空的发展做出规划；浙江、湖北、河南等地也在"十四五"规划中对低空经济、通用航空发展做出部署，旨在促进当地低空经济产业发展。据不完全统计，2023 年全年有 16 个省份将低空经济、通用航空等相关内容写入政府工作报告。2023 年 12 月，中央经济工作会议和全国工业和信息化工作会议再次明确打造低空经济产业，按下产业培育加速键，深圳、合肥、广州等地瞄准打造千亿级产业集群，率先出台专项政策法规。例如，深圳出台《深

圳经济特区低空经济产业促进条例》，从体制机制、技术创新、基础设施、应用场景、产业要素等多方面推动产业发展。目前，中国低空经济产业尚处于发展初期，市场空间巨大，产业成长性较强。中国部分地区低空经济产业相关政策文件如表 12-1 所示。

表 12-1　中国部分地区低空经济产业相关政策文件

| 地　区 | 发布时间 | 政　策　文　件 |
|---|---|---|
| 山东 | 2024 年 11 月 | 《山东省低空经济高质量发展三年行动方案（2025—2027 年）》 |
| | 2024 年 2 月 | 《山东省航空航天产业发展规划》 |
| | 2021 年 11 月 | 《关于支持航空产业发展的实施意见》 |
| 安徽 | 2024 年 4 月 | 《安徽省加快培育发展低空经济实施方案（2024—2027 年）及若干措施》 |
| 北京 | 2024 年 3 月 | 《关于促进中关村延庆园无人机产业创新发展行动方案（2024—2026 年）》 |
| | 2021 年 1 月 | 《北京市"两区"建设航空服务领域工作方案》 |
| 江西 | 2023 年 7 月 | 《江西省航空产业链现代化建设行动方案（2023—2026 年）》 |
| | 2017 年 7 月 | 《加快推进通航产业发展的若干措施》 |
| | | 《关于全省各设区市购买通用航空公共服务条约暂行办法》 |
| 云南 | 2023 年 5 月 | 《云南省无人机产业发展三年行动计划（2023—2025 年）》 |
| | 2023 年 3 月 | 《云南省民航强省建设三年行动（2023—2025 年）（征求意见稿）》 |
| 湖南 | 2023 年 2 月 | 《湖南省培育通用航空产业工作方案》 |
| | 2021 年 7 月 | 《关于支持通用航空产业发展的若干政策》 |
| 海南 | 2022 年 11 月 | 《海南省关于促进通用航空发展的若干支持措施》 |
| | 2020 年 9 月 | 《海南现代综合交通运输体系规划》 |
| | 2020 年 4 月 | 《海南省民用无人机管理办法（暂行）》 |
| 上海 | 2022 年 9 月 | 《上海打造未来产业创新高地 发展壮大未来产业集群行动方案》 |
| | 2021 年 12 月 | 《上海民用航空产业链建设三年行动计划（2022—2024 年）》 |

续表

| 地　区 | 发布时间 | 政策文件 |
|---|---|---|
| 江苏 | 2021 年 9 月 | 《江苏省"十四五"民航发展规划》 |
| 黑龙江 | 2021 年 8 月 | 《黑龙江省通用航空产业"十四五"发展规划》 |
| 浙江 | 2021 年 7 月 | 《浙江省航空航天产业发展"十四五"规划》 |
| 四川 | 2020 年 8 月 | 《关于贯彻落实〈交通强国建设纲要〉加快建设交通强省的实施意见》 |
| | 2019 年 7 月 | 《四川省通用航空产业发展规划（2019—2025 年）》 |
| 江西 | 2017 年 7 月 | 《加快推进通航产业发展的若干措施》 |
| | | 《关于全省各设区市购买通用航空公共服务条约暂行办法》 |
| 无锡 | 2024 年 4 月 | 《无锡市低空经济高质量发展三年行动方案（2024—2026 年）》 |
| 深圳 | 2024 年 1 月 | 《深圳经济特区低空经济产业促进条例》 |
| | 2023 年 12 月 | 《深圳市支持低空经济高质量发展的若干措施》 |
| | 2023 年 7 月 | 《深圳市宝安区低空经济产业创新发展实施方案（2023—2025 年）》 |
| | 2024 年 4 月 | 《盐田区关于促进低空经济产业创新发展的若干措施》 |
| | 2024 年 3 月 | 《南山区促进低空经济发展专项扶持措施》 |
| | 2023 年 12 月 | 《龙岗区关于促进低空经济产业发展的若干措施》 |
| | 2023 年 9 月 | 《深圳市龙华区促进低空经济产业高质量发展若干措施》 |
| 珠海 | 2024 年 3 月 | 《珠海市支持低空经济高质量发展的若干措施（征求意见稿）》 |
| 苏州 | 2024 年 2 月 | 《苏州市低空经济高质量发展实施方案（2024—2026 年）》 |
| 合肥 | 2023 年 12 月 | 《合肥市低空经济发展行动计划（2023—2025 年）》 |
| 芜湖 | 2023 年 10 月 | 《芜湖市低空经济高质量发展行动方案（2023—2025 年）》 |
| 南昌 | 2022 年 11 月 | 《关于进一步推动航空产业高质量发展的实施意见》 |
| 广州 | 2023 年 10 月 | 《广州开发区（黄埔区）促进低空经济高质量发展的若干措施》 |
| 成都 | 2023 年 10 月 | 《成都市促进工业无人机产业高质量发展的专项政策》 |
| 哈尔滨 | 2024 年 11 月 | 《哈尔滨市低空经济高质量发展实施方案（2024—2027 年）》 |

（资料来源：赛迪整理）

## 二、低空基础设施日益完善

一是在册飞行器数量持续增长。截至 2023 年年底，通用航空飞行器保有量约为 5000 架，注册无人机 126.7 万架，分别增长 5%和 32.2%。二是通用机场数量不断增多、结构不断完善。截至 2023 年年底，从通用机场数量来看，全国在册通用机场数量达 449 个，其中，已取证机场 106 个，备案机场 343 个。从机场类型来看，跑道型机场和直升机场（包括表面直升机场和高架直升机场）数量已基本持平，分别达 199 个和 203 个，其中高架直升机场增幅最快，增长率高达 66.67%。三是地面服务保障设施持续完善。固定运营基地（FBO）、飞行服务站（FSS）、专业维修站（MRO）等基础设施数量逐年增多，截至 2023 年年底，已建成飞行服务站 32 个，发布 432 个通用机场的情报资料和全国范围的目视航图，2128 架通用航空器完成北斗终端安装绑定，航油服务实现通用机场全覆盖。

## 三、产业主体实力不断壮大

一是航空制造能力显著增强。航空中小发动机水平提升至国际前列，机载系统、航空材料等持续更新换代，现代航空产业体系基本形成。中国商飞、中航沈飞、洪都航空等央企示范效应明显，国产大飞机 C919 首次商业飞行圆满成功，飞机国产化率达到 60%。二是龙头企业带动效应强。拥有大疆、极飞、亿航智能等一批龙头企业，其中大疆 2022 年估值超过 1660 亿元，年营收超 300 亿元，占中国无人机市场 70%以上份额，占全球无人机市场 80%以上份额。三是民营企业加快入局。截至 2023 年年底，中国低空经济相关企业注册量达 0.89 万家，同比增长 36.42%。四是民用无人机品牌持续引领全球市场。大疆（DJI）、一电航空（AEE）、亿航智能（EHang）等多个民用无人机品牌先后推出。德国无人机市场调研机构 Drone Industry Insights 的数据显示，2021 年中国有 8 个品牌入选世界前 20 名消费级无人机品牌。

## 四、低空应用场景不断拓展

低空经济产业的应用范围迅速扩大，覆盖了包括农林保护、地理测绘、检查监控、紧急救援等多个传统领域，并且正在向快递物流和旅游等新兴领域延伸。海南在低空旅游领域的发展尤为显著，推出了直升机游览、热气球体验、滑翔伞飞行和跳伞等多种项目。同时，国内主要的快递物流企业，如顺丰、京东和美团，正利用其业务优势，积极探索无人机配送服务。其中，美团在上海、深圳等地试点无人机外卖配送，截至 2023 年 11 月，美团无人机在深圳落地 7 个商圈，开设 21 条航线，可以为 19 个社区写字楼、5 个景区、1 个医院提供无人机配送服务。

## 第二节　发展特点

### 一、eVTOL 等电动化、智能化、无人化产品成为低空经济主要技术方向

电动垂直起降飞行器（eVTOL）成为低空经济重点技术方向，全球各国持续推进产品迭代和技术创新，主要国家头部企业均推进适航证申请流程。eVTOL 研发进程加速，亿航智能、上海峰飞、小鹏等多家企业纷纷推出自研 eVTOL 品牌，如"盛世龙"和"旅航者 X2"等。其中，亿航智能于 2023 年获得民用航空局 EH216-S 型载人无人驾驶航空器系统型号合格证，成为全球首个获得该类合格证的航空器。据罗兰贝格预测，2030 年全球投入商业运营的 eVTOL 数量将达 5000 架，相关应用将逐步从旅游观光、应急救援、物流等场景扩展到城市空中交通场景，进一步打开城市低空经济市场，带动城市低空基础设施建设、飞行保障服务运营、空中交通管理服务等上下游产业创新发展。

### 二、"低空+"综合性经济形态持续激发新型消费潜力

低空经济产业应用以航空器、航线、机场等为核心，与信息通信、交通物流、文化旅游等行业的融合日益紧密，广泛辐射军用、警用、民用等领域和农业、工业、服务业等行业，形成"低空+物流"、"低空+文旅"、"低空+农业"和"低空+巡检"的综合性经济形态。当前，国内知名企业加快业务创新探索，全国无人机试验区增至 20 家、顺丰探索无人机航空运营（试点）业务创新、京东持续推进全国范围内无人机物

流配送业务升级、美团加快无人机配送航线试点、东部通航打造低空"的士"等，将不断催生更多新场景、新应用和新业态。随着政策支持力度的加大和技术的进步，未来低空经济将继续在全球拓展更多的应用场景，推动相关产业的深度融合，并促进低空经济融合发展新生态的构建。

## 三、产业区域集聚态势明显，形成珠三角、长三角、京津冀、中西部四大片区

2023 年 10 月，《绿色航空制造业发展纲要（2023—2035 年）》点名鼓励珠三角、长三角、环渤海、成渝等优势地区设立"低空经济示范区"，区域内核心城市深圳、广州、珠海、上海、南京、苏州、无锡、北京、成都、重庆等纷纷出台相关政策，抢滩低空经济新赛道，布局"低空之城"。短短几年时间，低空经济产业集聚态势不断强化，区域格局渐趋稳定，形成珠三角、长三角、京津冀、中西部四大片区。以深圳、广州、珠海为代表的珠三角地区在低空经济领域的探索存在领先优势，集聚了亿航智能、小鹏汇天、广汽研究院、大疆创新、顺丰丰翼科技、美团无人机等一批低空优质企业。以上海为核心的长三角地区聚焦 eVTOL 技术方向加快集聚企业；上海市政府推出《上海打造未来产业创新高地发展壮大未来产业集群行动方案》，明确在空天利用产业方面突破倾转旋翼、复合翼、智能飞行等技术，研制载人电动垂直起降飞行器，探索空中交通新模式。以北京、天津为代表的京津冀地区依托航空制造基础优势打造高端无人机装备产业集群；北京依托延庆民用无人驾驶航空试验区开展智能化、无人化技术创新试验，建设高端无人机装备产业基地，打造超百亿元规模的无人机产业集群。以四川、重庆、湖南、湖北等为代表的中西部地区率先展开低空空域管理改革，加快探索地方性低空空域划分和管理模式；湖南推出全国第一部地方性通航法规、编制实施全国第一部空域划设方案、建立全国第一个覆盖全省的低空监视网；截至 2023 年年底，四川已在全省开通 8 条低空目视通道，形成了环成都和贯通川南、川北的低空飞行网络，协同管理空域拓展到 7800 平方千米。

## 第三节　重点企业

### 一、大疆

大疆成立于 2006 年，是全球领先的无人飞行器控制系统及无人机解决方案的研发商和生产商。大疆总部位于深圳，在全球多地设有办公室，业务遍及 100 多个国家与地区。根据全国工商联的数据，2022 年公司营业收入达到 301.40 亿元，在消费级无人机领域的市场占有率保持超过 90%。

大疆无人机业务领域包括大疆消费级无人机和影像系统、大疆农业、大疆行业三大板块。消费级无人机和影像系统板块，从第一代飞控系统到无人机系统和手持影像系统，消费级产品已远销超过 106 个国家和地区，推出无人机系统的御（Mavic）系列、悟（Inspire）系列、晓（Spark）系列和精灵（Phantom）系列，手持影像系统的灵眸（Osmo）系列和如影（Ronin）系列，以及配套的 DJI FPV 系列和相机云台系列等无人机系统，产品覆盖了电子消费、摄影器材、户外运动、百货家电、玩具潮品、电信运营等众多渠道。大疆农业板块，凭借其先进的无人机技术和长期积累的经验，联合合作伙伴打造了一个以人才培养、产品改进、药剂研发和技术革新为核心的植保生态系统，旗下产品包括 MG 系列植保无人机、T16 和 T20 植保无人机、P4M 多光谱无人机、P4R 农田测绘无人机、大疆智图软件及大疆农服应用程序。大疆行业板块，与合作伙伴及开发者共同发展无人机技术产业生态，提供集无人机飞行平台、多样化负载、专业软件、售后服务与飞行培训为一体的无人机行业解决方案，并以"+无人机"的理念不断革新、开放技术，助力实现产业生态智能化升级。

**强化无人机技术自主创新研发，保持核心竞争力。**大疆始终注重核心技术研发，在新产品研发速度和专利申请数量上都远超同行。2013 年，大疆推出具有划时代意义的消费级多旋翼航拍一体机精灵（Phantom）系列，将原本局限于军用市场的无人机推广到大众消费市场。这是世界上首款可用于空中拍摄的小型 Ready-to-Fly 垂直起降一体化多旋翼飞行

器，拥有智能方向调控、失控返航、低电压保护等功能，用户无须任何调试即可实现飞行。公司陆续推出直升机飞控系统、筋斗云系列专业级飞行平台 S1000 和 S900、三轴手持云台系统 Ronin 等产品，快速填补了国内技术空缺。据统计，截至 2024 年 6 月，大疆共申请 12213 件专利，其中国内专利 7342 件，国际专利 4871 件。公司专利布局主要聚焦于移动平台、无人机、图像处理、传感器、控制装置等专业技术领域，其中发明专利占 70.77%。

以农业领域为主导方向，积极拓展工业无人机市场。2015 年，大疆推出一款智能农业喷洒防治无人机"大疆 MG-1"农业植保机，标志着公司正式向工业类无人机领域迈进。此后，大疆主要在植保、能源、急救、救灾行业从技术开发、无人机制造、应用场景、解决方案到售后服务，搭建了完整的产业链架构。大疆依据不同规模、地形的特点设置了普通版、进阶版和高精版作业流程，适配各种农业相关需求。截至 2024 年 6 月，大疆农业无人机的全球保有量超 30 万台，全球累计作业面积突破 75 亿亩次，覆盖中国 1/3 的农业土地。

通过数字营销、教育课程等提升"大疆"品牌国际知名度。大疆注重品牌推广与人群面广泛覆盖，以提高品牌知名度与网站流量。在国内以抖音为主要营销矩阵核心，在国外以 YouTube 和 Instagram 为营销矩阵核心，选择科技、摄影等相关领域的 KOL 进行内容输出。例如，在 Instagram 上设置"djicreator（大疆创意师）"标签，鼓励来自全球的无人机粉丝上传自己使用大疆产品拍摄的佳作，并将高质量作品通过官方账号推广展示给更多用户。大疆通过 KOL 的流量与传播声量产出 UGC 与 PGC 的输出内容，实现对品牌进行从产品到品牌的全方位宣传营销，在海内外提高了潜在消费者对品牌的认知度与专业性的产品功能了解程度。此外，大疆通过推出针对不同年龄段和教育水平的无人机教育课程，培养用户对无人机的兴趣和认识，扩大大疆的用户群体，提升品牌在教育领域的声誉和影响力。

## 二、亿航智能

亿航智能成立于 2014 年，是一家为全球多个行业领域客户提供各种自动驾驶飞行器产品和解决方案的企业，业务范围覆盖城市空中交通

（包括载人交通和物流运输）、智慧城市管理和空中媒体等应用领域。目前，亿航智能的旗舰产品 EH216-S 已获得中国民航局颁发的全球首张无人驾驶载人电动垂直起降（eVTOL）航空器型号合格证（TC）、生产许可证（PC）和标准适航证（AC），是全球首个三证齐全的 eVTOL 产品。

**亿航智能业务主要包括空中交通解决方案、智慧城市管理解决方案、空中媒体解决方案三大板块。**空中交通解决方案目前主要收入来自 EH 216 系列无人驾驶 eVTOL 的销售收入，预计在未来正式商用后，还将产生航空器维护、维修、航材更换等相关服务的收入，以及提供飞行运营服务的收入。智慧城市管理解决方案主要涵盖智慧城市飞行指挥调度系统及相关设施的设计与开发，以及小型无人机及其他相关产品的销售与服务。空中媒体解决方案包括轻型空中媒体无人驾驶飞行器或组件包、相关软件的销售、维护和培训服务等。

**自主研发突破 eVTOL 核心技术，获得无人驾驶 eVTOL 行业首张 TC 和 AC。**2023 年 10 月 13 日，公司自主研发的 EH216-S 无人驾驶载人航空器系统获得中国民航局颁发的型号合格证（TC），代表着 EH 216-S 具备无人驾驶航空器载人商业运营的资格。2023 年 12 月 21 日，EH 216-S 获得由中国民航局颁发的标准适航证（AC）。亿航智能的国内预订单客户包括西域旅游、深圳博领、合肥市政府等，海外客户包括阿联酋 Ethmar 集团旗下的 Wings Logistics Hub、日本的 AirX、印度尼西亚的 Prestige Aviation 等。

**以低空旅游为重点方向开展空中交通业务。**亿航智能业务覆盖空中交通（包括载人交通和物流运输）、智慧城市管理和空中媒体等应用领域。在中国民航局"先行先试、审运结合"的指导方针下，在完成适航认证之前，亿航智能已在国内 18 座城市开展低空旅游场景的试运行，累计完成近万架次 EH216-S 安全运行试飞，积累了大量运行经验和数据。2023 年，亿航智能总共交付了 52 台 EH216 系列 eVTOL，较 2022 年显著增加。EH216-S 成功取证后，亿航智能将迎来商业化运行阶段，从体验飞行、旅游观光开始，逐步开展商业运营。

**强化与地方政府合作，推动产品落地和推广。**2023 年 7 月，亿航智能与深圳市宝安区政府就 EH216-S 取证后城市空中交通（UAM）运营签署战略合作备忘录，双方共同探索 UAM 应用场景，将深圳打造成

全国低空经济发展示范城市。2023 年 12 月，位于深圳欢乐港湾的 UAM 运营示范中心建成启动，亿航智能将在此推出 EH216-S 自动驾驶飞行器的空中旅游和观光体验服务。亿航智能与宝安交通集团达成合作意向，双方将携手打造低空经济运营示范场景。2023 年 10 月，亿航智能与合肥市政府签订了战略合作协议，旨在与合肥共同发展低空经济产业。合肥市政府预计向亿航智能提供价值约 1 亿美元的支持，包括协助或推动促成至少 100 架 EH216 系列无人机的购买订单及财政资助。

## 三、中信海直

中信海直成立于 1983 年，具有通用航空全业务运营资质和能力，海上石油直升机飞行服务市场占有率稳固保持在行业前列，是国内港口直升机引航作业的唯一提供商，并在国外提供海上石油飞行服务。中信海直所属的中信集团深耕综合金融、先进智造、先进材料、新消费和新型城镇化五大业务板块，致力于成为践行国家战略的一面旗帜，是国内领先、国际一流的科技型卓越企业集团。2023 年中信集团连续第 15 年上榜美国《财富》杂志世界 500 强，位居第 100 位。

**深耕通用航空市场**。截至 2023 年 6 月 30 日，公司拥有 89 架直升机和 3 架无人机。其主力机型均系当今世界新款机型，包括空客直升机公司旗下（原欧直）超美洲豹系的 EC225 型、AS332L1 型，海豚系的 EC155 B/B1 型、SA365N 型；美国西科斯基飞机公司生产的 S92A 型；意大利莱昂纳多公司生产的 AW139 型；俄罗斯直升机公司生产的 KA32 型等型号的直升机。根据 2023 年中报，公司拥有 209 名飞行员，其中大部分被中国民航局授予安全飞行奖章。公司运营直升机场 4 个：深圳南头、天津塘沽、湛江坡头、海南东方。在北京、青岛、连云港、上海、舟山、温州、福州、厦门、惠州、云南、黑龙江等地均设有基地、起降点。公司在南北极和缅甸设有作业区，是国内首家且唯一在海外作业的通航企业，常年为国家极地科考提供飞行服务。

**稳固海上石油（接送）服务核心主导业务地位**。中信海直的主营业务包括海上石油、应急救援、陆上通航、引航风电及通航维修等。其中，海上石油服务是中信海直的主要收入来源和核心业务，该业务主要为客户提供海上油气平台人员接送服务，收入包括月固定服务费收入和按服务小时计费收入，由于海上天气情况复杂，只有少数通用航空企业能进行此类业务。2022 年，中信海直对海上石油龙头企业中海油的销售收入占总营收的 67.8%。此外，中信海直还配合开展国内各海域资源勘探与开发筹备工作，中标国际飞行服务项目，保持着海上能源开发通航服务重要提供商的地位。

**积极拓展低空经济第二增长曲线。**中信海直在继续深耕海上石油服务主营业务的同时，进一步围绕通航产业链向上下游延伸，积极开展引航风电、通航维修、陆上通航、无人机等多元化业务及新业务形态，已发展陆上通航业务包括应急救援、城市综合服务，以及覆盖粤港澳大湾区的低空游览业务。例如，打造特色 C 端消费品牌，开通深圳直升机场至金沙湾等 8 条航线，深圳南头直升机场开展低空游览业务，进行常态化运营；在安阳、自贡提供无人机应急救援、森林防火、安全生产、环境监测、河道治理等多场景应用飞行服务；在天津港、连云港、湛江港、青岛港、黄骅港等港口开展业务，积极推动港口引航业务发展，挖掘市场潜力，成功启用 H135 直升机执行港口引航飞行作业，切实提高引航效率，助力打造绿色智慧港口。未来，中信海直将发展和探索无人机短途运输、低空游览和产业链延伸等新业态领域，打造中信海直通航运输服务品牌。

# 第四节　重点学院

## 一、北京航空航天大学未来空天技术学院

北京航空航天大学未来空天技术学院成立于 2021 年 7 月，是全国首批 12 所未来技术学院之一。北京航空航天大学是新中国空天领域的发源地、空天科学家的摇篮，培养新型复合型创新人才，在建设未来空天技术学院后的实践中不断探索、学习、总结和提高，把技术上的创新、科学上的突破、工程中的实践与学院的教育教学很好地结合贯通，为未来空天领域技术研究发展、重大工程实施、航空航天强国建设奠定了人才基础。

**聚焦空天领域发展需求，瞄准前沿技术，创新人才培养"北航范式"。**

学院面向未来航空航天技术的发展趋势，以及共性科学问题和关键技术突破需求，在引领科技革命趋势的未来新概念飞行器技术、服务人类未来发展需求的空间开发技术、支撑国家空天战略任务的基础科学与前沿技术等方向上，着力培养学生的集成创新能力，培育未来具有深厚科学素养、引领空天科技发展的系统总设计师和卓越工程师。

实施符合学科专业交叉融通规律的现代书院制，八年制本博贯通、定制化学研一体。聚焦空天领域国家重大需求和人类发展需要，瞄准未来 10～15 年的前沿性、革命性、颠覆性技术发展，加强基础学科培养能力、促进学科专业交叉融通，构建德智体美劳全面发展的创新人才综合素质培养体系，为各专业和方向的本博学生提供专属的交流空间和实践条件，营造良好的人格养成文化氛围，支持学生大胆探索和潜心研究，培养学生的家国情怀、人文情怀、世界胸怀。同时，应用信息技术对学生的成长状况进行全方位的过程跟踪、数据分析、质量评估，反馈改进建议，优化培养过程。学院聚集校内外优质教学科研资源，聘请院士、总设计师、国家级名师担任学生导师，开设名家精品课、大师讲座课、微纳研讨课，实施八年制本博贯通、定制化学研一体的柔性培养，采用学分制、导师制、书院制和个性化、小班化、国际化模式，注重学科交叉、因材施教，实行多元评价、动态流转。本科阶段按照计划基地专业和未来空天技术方向进行招生和培养，博士阶段面向全校任选研究方向和导师。

拟订计算机计划、华罗庚数学拔尖计划、空天力学计划、未来空天领军计划。依托计算机科学学生培养基地，培养具有强烈使命担当意识和突出创新能力的计算机学科创新人才，具备坚实的学科基础理论和突出的系统能力，对计算机学科有全面和深刻的理解，具备国际学术视野，具有独立思考和创新思维能力，并能运用多学科知识解决科学与工程领域挑战性问题的人才。依托华罗庚数学拔尖学生培养基地，面向数学前沿的基础性问题、航空航天领域的需求和战略高科技领域的应用性问题，致力于培养具有坚实数理基础的高素质创新人才和具有解决应用数学问题潜质的复合型创新人才。依托空天力学学生培养基地，面向空天科技领域对力学人才的需求，培养继承"两弹一星"精神，具备"力学善行、原始创新、交叉辐射、引领空天"特质，具有卓越的科学洞察能力、自主创新能力、终身学习能力、批判思维能力和跨文化交流能力，致力于研究空天力学基础和前沿问题的应用力学家。聚焦空天技术领域国家需求和国际学术前沿，面向未来航空、航天技术发展趋势，以及共性科学问题和关键技术突破需求，在引领科技革命趋势的未来空天飞行器技术、服务人类发展需求的未来空天工程与应用、支撑国家空天战略任务的未来空天基础科学与技术等方向，培养系统总设计师和创新领军人才。

## 第五节　重点机构

### 一、IDEA 研究院

　　粤港澳大湾区数字经济研究院（简称"IDEA 研究院"）由前微软公司全球执行副总裁、美国和英国工程院外籍院士沈向洋博士创建并担任理事长。作为一家面向 AI 技术和数字经济产业的国际前沿研究机构，IDEA 研究院致力于与 MSR、DeepMind、OpenAI 等同行一起探索 AI 的前沿技术，拓展产业边界，让越来越多的人从新技术的发展中获益。低空经济研究中心（Low Altitude Space Economy Research Center，LASER Center）致力于低空经济及相关技术研究，通过低空智能融合基础设施的建设，将低空空域数字化，使其成为可计算空域，充分发掘低空空域的价值，创建生活工作新范式，开拓经济发展新空间。

　　秉承共享、共赢、共生的开源开放精神。IDEA 研究院秉承共享、共赢、共生的开源与开放精神，积极营造自由而富有激情的创新工作环境，聚集聪慧的大脑，一起创造人类社会需要的价值；坚持科技擎天、产业立地，相信最好的研究从需求中来，到需求中去，最终惠及广大企业和大众。

　　聚集国际一流技术专家。IDEA 研究院目前已聚集一批包括院士、世界著名大学教授、世界知名开源系统发明人在内的国际一流技术专家，致力于在空域与航路规划、设计与仿真平台，超大规模飞行器协同飞行算法与规则，智能融合低空系统（SILAS）设计与研发等领域取得显著成果，促进低空经济和相关产业规模化及可持续、高质量发展。

　　**空域与航路规划、设计与仿真平台。**作为高度集成和功能强大的工具，该平台能够帮助空域管理部门优化空域设计，提高航路规划的效率和安全性。平台内容主要包括空域建模与评估、实时模拟仿真、数字化空域仿真评估技术和空域管理理论与方法，还涉及低空经济前沿理论研究，如空域可计算性理论、超大规模飞行器协同飞行算法等，旨在推动低空经济的高质量发展。

　　**超大规模飞行器协同飞行算法与规则。**通过运用人工智能、机器学习、优化理论和通信技术，设计出能够处理复杂飞行环境和动态任务需求的智能协同算法，实现飞行器之间的实时数据交换、路径规划、冲突避免和任务协调，确保大规模飞行任务的顺利执行；同时，制定相应的飞行规则和标准，保障超大规模飞行器协同飞行技术的规范化和标准化，为飞行器的设计、测试和运营提供指导。

　　**智能融合低空系统（SILAS）设计与研发。**基于最大化开发利用空域资源的原则，满足未来大规模安全飞行需求，实现空域结构和航线的全数字化、智能化划设及动态的优化调整。SILAS 将提供多种技术能力和解决方案，为政府空管部门和低空运营企业提供飞行支持，保障大规模飞行器有序安全飞行。

# 区 域 篇

第十三章

# 京津冀地区

## 第一节　整体发展情况

　　京津冀地区拥有丰富的资源储备和雄厚的产业基础，具备核心枢纽区位、市场规模巨大、开放条件优良等优势，是中国科技创新资源最丰富的地区之一，未来产业发展潜力巨大、前景广阔。根据工业和信息化部发布的《京津冀产业协同发展实施方案》，京津冀地区具有清晰明确的产业分工，产业链与创新链之间的融合达到了新的深度，该地区的综合实力将进一步增强。北京城市副中心、雄安新区、滨海新区、北三县多个重点区域加快联动发展，发挥示范作用，协同发展取得显著成效。

　　**联合招商引资促进产业协同发展**。北京、天津、河北三地政府通过共同招商引资，打破地域壁垒，优化资源配置，提高产业集聚度，推动区域内产业结构调整和优化，实现京津冀地区产业协同发展和经济一体化建设。这一举措不仅有助于当前产业的协同发展，更为未来产业奠定了坚实的基础。2023年9月，京津冀首次以携手形式亮相2023年服贸会，面向全球发布一系列招商引资项目。联合招商这一新模式，不仅能够汇集三地优势资源，更体现出京津冀加速推动优化区域产业分工和生产力布局，推动区域产业结构的整体优化和提升的决心。北京市投资促进服务中心、天津市人民政府合作交流办公室和河北省商务厅还联合签署了《京津冀投资促进战略合作协议》。该协议称，三地将建立京津冀投资促进部门联席工作会议，利用中关村论坛、中国国际服务贸易交易会、中国廊坊国际经济贸易洽谈会等平台联合组织开展招商推介活动，协同谋划举办面向海内外的联合招商活动。

**新能源、智能网联汽车等重点领域率先突破。**近年来，京津冀地区在产业升级和重点领域突破等方面取得明显成效。北京的数字经济产业自 2015 年以来显著增长，其增加值从 8719.4 亿元攀升至 2023 年的 18766.7 亿元，在地区生产总值中的占比已达到 42.9%。同时，天津的高技术制造业展现出强劲发展势头，其在规模以上工业增加值中的占比提升至 13.7%，比 2014 年增加了 1.4 个百分点。河北的高新技术产业也取得了显著进步，其在规模以上工业增加值中的占比达到 21.4%，比 2013 年大幅增加了 9.6 个百分点。此外，京津冀三地的高技术服务业营业收入均保持强劲增长态势，相较于 2019 年，三地的该项指标均实现了超过 20% 的增长。此外，京津冀地区多个重点区域加快联动发展，发挥示范作用。北京城市副中心、雄安新区两翼齐飞，打造区域联动"桥头堡"，各类资源加快聚集。在重点领域方面，京津冀协同共造"未来之车"，聚焦新能源和智能网联汽车等重点领域，不断加强协同创新能力与产业合作深度。北京正稳步转型，由过去的"大而全"模式向"高精尖"特色迈进；天津则有效运用"引得来"策略，达成"发展好"的目标；河北则致力于通过"接得住"，推动产业实现"升级跳"。三地基于各自的产业优势，深入推动智能网联汽车领域的创新链、产业链、供应链的高度融合。2023 年 8 月，雄安新区中关村科技园揭牌运营，仅数月间，其一期已迎来 35 家企业入驻，入驻率高达 90%，展现了蓬勃的发展活力与潜力，未来将重点围绕空天信息、现代生命科学与生物技术、智能网联汽车、人工智能等高新细分领域，加速集聚创新要素。

# 第二节　产业发展特点

## 一、产业协同有序发展，产业转移承接向纵深推进

**产业转移承接向纵深推进。**通过强化平台建设，京津冀地区的产业转移进程显著加快，已初步形成以"京津研发、河北制造，北京研发、津冀转化"为特色的黄金三角布局。2024 年 4 月 27 日，以"共建创新

共同体，赋能美好京津冀"为主题，2024 京津冀协同创新与高质量发展论坛在北京中关村国际创新中心成功举办，共同发布了"京津冀科技成果供给及需求清单"，包括百余项北京科技成果供给清单，以及 80 余项天津和河北技术需求清单。河北发布 72 项先进算力创新应用场景，雄安新区发布 4 类数字城市场景。同时，天津集中打造将综合承接平台和专业承担平台相结合的"1+16"承接体系。2024 年第一季度，北京流向津冀技术合同成交额达 190.7 亿元，同比增长 106.5%。河北重点打造"1+5+4+33"重点承接平台体系，截至 2024 年 6 月，累计承接京津转入基本单位 4.3 万家。这些举措将为京津冀地区的未来产业发展注入强劲动力，推动区域产业向更高端、更绿色、更智能的方向迈进，为京津冀地区在未来产业竞争中抢占先机。

产业互补"链动"融合加速。京津冀三地各自依托其独特优势，明确产业定位与分工，共同强化产业链、创新链、供应链的深度整合与稳固性，构建起以北京为核心，辐射带动天津与河北的产业协同集聚区。北京凭借研发优势，聚焦于高精尖产业的培育与发展，特别是新一代信息技术、智能网联汽车、智能制造与装备等关键产业链；天津则依托其制造业基础，通过构建"1+3+4"现代工业体系，着重强化集成电路、车联网等核心产业链；而河北则围绕产业链现代化，规划布局"4+4+3+N"产业体系，深耕钢铁、装备制造等传统优势产业链。当前，三地通过精准布局与协同合作，已实现了汽车全产业链的协同发展、智能终端产业链的显著拓展，以及新能源装备产业链在全国的领先地位。这种基于重点产业链的深度分工与高效联动，促进了区域内产业的同频共振与互补融合，显著提升了京津冀地区整体的产业协同层次，为未来产业高质量发展奠定协同基础。

## 二、未来产业成为新兴动力，数据共享提供强力保障

释放数据要素价值，助力未来产业发展。从数字化到网络化，再到智能化，数据要素在城市治理、政务融合、产业协同等领域的价值不断释放。京津冀地区聚焦数据要素流通与建设，共同探索未来产业发展的新路径与新保障机制。作为跨区域类综合试验区，京津冀地区强调数据作为核心生产要素的重要性，通过数据流的引领，有效驱动技术、物质、

资金及人才等关键要素的跨区域流动，为跨区域公共服务优化、社会治理创新及产业有序转移提供坚实的基础，进而加速推动京津冀区域一体化发展的深入实践。三地遵循"资源共享、业务协同、优势互补"原则，在推进制度创新、共享数据资源、推动跨省通办、优化算力资源、推动技术创新、加强基础研究、强化数据安全、搭建交流平台、拓展应用场景九大方面积极合作。

**打造创新共同体，推动创新要素流动共享。**为了将京津冀产业创新体系提升至全新高度，三地正持续深化在重点领域的合作，已初步构建起一个定位明确、开放共享、高效协同的创新共同体。一是强化金融协同战略，通过建立京津冀地区投融资的协同与共享框架，设立京津冀协同发展产业投资基金、国投京津冀科技成果转化创业投资基金。二是加速创新要素在区域间的自由流动，通过实现专业技术人员职称互认、开放共享创新平台与大型科研设备资源等措施，为提升创新资源配置效率奠定坚实的基础。三是致力于构建京津冀国家技术创新中心，携手推动先进制造业集群的形成。四是搭建合作平台，促进科技合作。2024 年，中关村论坛共有 34 个协同创新项目签约，其中包括中关村信息谷京津冀重点园区与保定国家高新区、中国雄安集团城市发展投资有限公司、天津经济技术开发区管委会深化共建协议续约等，全力促进京津冀地区科技成果转化及项目合作落地。

# 第三节　重点城市

## 一、北京

2024 年，北京深化创新驱动发展战略的贯彻与执行，积极把握新一轮科技革命与产业变革所带来的宝贵机遇，更好地落实了首都城市战略定位，加速推进未来产业创新发展。

前瞻布局，以政策规划指导未来产业系统化发展。2023 年 9 月，北京坚持高位统筹、系统谋划、前瞻布局，发布《北京市促进未来产业创新发展实施方案》。该方案提出以前沿技术的能力供给引领新场景、创造新需求，工程化推进"技术—产品—标准—场景"联动迭代，系统

构建技术产品化、产品产业化、产业规模化的全链条未来产业生态，锚定未来信息、未来健康、未来制造、未来能源、未来材料和未来空间六大领域，布局 20 个重点细分赛道，实施原创成果突破、中试孵化加速、产业梯度共进、创新伙伴协同、应用场景建设、科技金融赋能、创新人才聚集、国际交流合作八大行动，抢占未来产业发展先机，助力将北京打造成世界领先的未来产业策源高地。

与时俱进，以高精尖产业牵引未来产业发展。一方面，北京积极培育产业新优势、新动能，加快构建现代化产业体系，发展新质生产力。同时，政府工作报告也详细提出 7 项将落实的具体任务，涉及新能源、新材料、商业航天等战略性新兴产业和量子、生命科学等未来产业新赛道。另一方面，为全面贯彻落实中央经济工作会议关于加快培育发展未来产业决策部署，以及《北京市促进未来产业创新发展实施方案》和《北京市 2024 年未来产业工作要点》的工作要求，加快培育一批未来产业方向中小企业，建设一批未来产业聚焦、基础设施完善、配套服务专业、优势特色突出的服务载体，北京聚焦 6 个未来产业领域及 20 个细分方向，遵循"系统布局、梯次培育、市区共建"的总体思路，按照"谋划一批、培育一批、认定一批"的培育路径，从小型微型企业创业创新示范基地、中小企业特色产业集群、孵化器、产业园区等中小企业集聚区中择优选择、升级建设育新基地。

创新驱动，特色化集群助推未来产业布局。北京注重培育新企业、新主体。根据 2023 年胡润全球独角兽榜单，在全球 1361 家独角兽企业中，北京以 79 家位列第三。全球十大独角兽中有 5 家来自中国，其中 1 家在北京（字节跳动）；专精特新"小巨人"企业数量持续增加。此外，北京前瞻布局量子信息、新材料、人工智能、卫星互联网、机器人等未来产业，培育新技术、新产品、新业态、新模式，建设未来技术创新研究院和未来技术成果转化中心；鼓励企业开展 AI 芯片、高端传感器等人工智能细分领域的应用，建设国家高端仪器和传感器产业基地；打造国家北斗创新应用综合示范区，建设北斗产业创新中心，培育全链条、全流程的复合型"北斗+"集成业态，孵化一批北斗时空智能企业，打造未来空天产业集群；建设工业机器人产业基地，集聚一批机器人核心部件、智能工厂解决方案等领域的领先企业，实现专业"隐形冠军"

企业集群式发展、自主品牌工业机器人规模化量产。

## 二、天津

天津坚持制造业立市，以未来产业为抓手巩固壮大实体经济根基，努力实现结构升级新突破，提升产业引领力和整体竞争力。

2024 年，天津印发《天津市未来产业培育发展行动方案（2024—2027 年）》。该方案以"优势产业未来化"和"未来技术产业化"为主线，抢先布局未来产业新赛道，从技术驱动和应用牵引双向发力，大力培育未来产业新生态。天津的未来产业将在下一代信息技术、未来智能、生命科学、空天深海、新型能源、前沿材料等重点领域发力，重点攻关方向包括核心芯片、基础软件、量子技术、终端外设、脑机交互、智能驾驶、人工智能核心芯片、人工智能生成技术、生物制造、细胞与基因治疗、空天技术、深海探采、氢能及储能、新型太阳能光伏与储能电池、可持续航空燃料、第三代与第四代半导体材料、特种烯烃衍生物等。

到 2027 年，天津将依托未来产业布局，实现创新能力的飞跃式提升，紧密围绕国家战略导向与未来产业发展趋势，力求在关键核心技术上取得重大突破，催生一系列具有原创性和引领性的科技成果。同时，天津将着力构建包括未来产业重点实验室、未来产业研究院及未来产业创新中心在内的约 10 个重大创新平台，并组建多个创新联合体，以强化创新体系。在企业培育方面，天津将实施梯次发展战略，孕育出众多行业新星与瞪羚企业，推动约 50 家创新领军企业向未来产业布局，并新增 50 家专注于未来产业的专精特新"小巨人"企业。此外，天津通过显著增强集聚效应，计划打造 2 家未来产业科技园与 5 个未来产业先导区，形成多个未来产业集聚区。到 2035 年，天津的未来产业集群将展现出强大的集群效应，形成至少 3 个在国内处于领先地位的未来产业集群。同时，城市产业生态将实现持续优化，吸引并汇聚高层次战略科学家、科技领军人才、青年科技人才及人才团队；加速教育与产业的深度融合，推动相关高校设立未来产业相关学科；在关键领域构建未来技术应用示范场景；大力推进新型基础设施建设，为未来产业发展奠定坚实的基础。

**以智能科技为引领构建现代化产业体系。** 天津立足"一基地三区"功能定位，构建以智能科技为引领的现代化产业体系。2023 年，全市工业增加值达 5359.01 亿元，比 2022 年增长 3.6%，规模以上工业增加值增长 3.7%。同时，天津坚持高端化发展，2023 年累计拥有 151 家国家级创新平台，其中全国重点实验室 15 家、国家工程研究中心 38 家，自航绞吸船"天鲲号"、半潜式钻井平台、高镍基合金油管等一批"大国重器"获国家科技进步特等奖。

**以梯度培育推进产业集群集聚发展。** 天津加快培育先进制造业集群，大力培育新型集群发展促进组织，建立梯度培育体系，支撑制造业高质量发展。在抓好车规芯片等 3 个中小企业特色产业集群建设、做大做强主导产业的基础上，依托信创、新能源、生物医药、高端装备等重点产业链，着力培育两个市级先进制造业集群，同时将持续完善京津冀生命健康国家级先进制造业集群三地联动机制，共绘产业图谱，协同推进产业壮大。

**立足本地优势，有序布局未来产业。** 天津立足本地创新资源分布情况，分区域、分领域有序推进未来产业发展。2023 年，天津市滨海新区发布《滨海新区培育新赛道打造未来产业创新高地行动方案》，聚焦生物制造、细胞和基因治疗、脑科学与智能医学、自主信创、深海探采、空天利用、先进能源、新型材料 8 个未来重点产业，形成 10 个未来产业集聚区，创建 50 个未来技术典型应用场景，培育 100 个未来产业发展平台和龙头骨干企业，打造国内领先、国际一流的未来产业创新高地。同年 9 月，天津市政府发布《天津市人民政府办公厅关于印发天津市加快新能源和智能网联汽车产业发展实施方案（2023—2027 年）的通知》。该通知提出推动汽车产业向新能源化、智能网联化、高端化转型升级，力争将新能源和智能网联汽车产业打造成为天津的新支柱产业。未来，天津将实施创新引领、强基助推、产业集聚、场景驱动、金融赋能、人才支撑等系列工程，加强组织、推动、探索新型举国体制"天津路径"，发挥天津市落实制造强国战略暨全国先进制造研发基地建设领导小组的作用，建立健全市级层面未来产业推进工作机制，加强基础研究、技术创新和产业化一体化部署，统筹协调未来产业先导区建设；将强化政策支持，发挥制造业高质量发展专项资金政策引导作用，加大财政支持，推动新基建、新产业、新业态、新模式、新场景发展；优化科技计划体系，加大对未来产业发展的支持力度，坚持以用促业，推进装备首台套、软件首版次、新材料首批次等新产品应用，培育壮大市场需求。

## 三、雄安新区

雄安新区以高标准、高质量建设为目标，在规划、建设和发展过程中，推动未来产业绿色、智能、可持续发展，旨在打造一个现代化、创新型的未来之城。"汇创新、谋赛道、聚产业"，雄安新区重点围绕新一代信息技术、现代生命科学和生物技术、新材料三大主导产业，搭建一流创新平台，依托重点区域构建雄安特色创新场景，开辟若干产业新赛道，开展主体孵化与成果转化，系统实现产业加速集聚，初步打造全过程创新生态链，凝聚未来产业创新实践。

创新企业集聚加速，"智慧之城"渐次展开。在创新实践方面，雄安新区"智慧之城"建设在不断加速。"地上一座城、地下一座城、云上一座城"，雄安新区在"三座城"的建设过程中，吸引科技创新企业不断集聚发展，一批科技创新成果迅速实现转化。截至 2023 年年底，雄安新区已有 323 家高新技术企业、404 家国家级科技型中小企业、78 家河北省专精特新中小企业、2 家国家专精特新"小巨人"企业。2022 年年底，雄安新区的"城市大脑"——雄安城市计算中心投入运营，成为新区数字孪生城市运行服务系统的重要载体。

高端高新产业集聚，平台建设取得成效。雄安新区坚持世界眼光、国际标准、中国特色、高点定位，加速吸纳集聚优质创新要素，打造高端高新产业发展核心区。雄安新区应重点发展新一代信息技术、现代生命科学和生物技术、新材料等战略性新兴产业，推动中国星网、中国中化、中国华能等一批龙头骨干企业和企业总部落户，启动互联网产业园建设，建设国家数字经济创新发展试验区，在智慧城市建设、数据要素流通、体制机制构建等方面先行先试，打造数字经济创新发展领军城市；推进雄安超算云中心、城市级物联网平台建设，完善智能基础设施和感知体系；建设数字化主动配电网，打造国际领先的能源互联网示范区；围绕打造全球创新高地，推动布局建设国家级信息网络实验平台、5G

实验室等创新研究平台和工程研究中心，加快推进现代生命科学和生物技术、大数据与人工智能、互联网与信息服务等高端高新产业园区建设，高标准推动中国（河北）自由贸易试验区雄安片区建设；建设雄安国际科技成果展示交易中心、国家技术转移中心、国家质量基础设施研究基地。

第十四章

# 长三角地区

长江三角洲地区（简称"长三角地区"）包括上海市、江苏省、浙江省、安徽省（简称"三省一市"），是中国经济发展最活跃、开放程度最高、创新能力最强的区域之一，也是中国未来产业创新实践最重要的区域之一。为了推动长三角地区一体化发展，中共中央、国务院印发《长江三角洲区域一体化发展规划纲要》，部署了以上海、南京、无锡、常州、苏州、南通、扬州、镇江、盐城、泰州、杭州、宁波、温州、湖州、嘉兴、绍兴、金华、舟山、台州、合肥、芜湖、马鞍山、铜陵、安庆、滁州、池州、宣城 27 个城市为中心区，辐射带动长三角地区高质量发展。这些城市将成为未来产业发展的重要区域。

长三角地区正在面向量子信息科学、类脑芯片、第三代半导体、下一代人工智能、靶向药物、免疫细胞治疗、干细胞治疗、基因检测八大领域，加快培育布局一批未来产业。加强长三角地区的创新力和竞争力，提升经济集聚水平、区域连通性和政策协同效能，对推动全国高质量发展、构建现代化经济体系具有重要意义。

## 第一节　整体发展情况

长三角地区是中国新一代信息技术发展的重要产业基地和创新高地，在主要城市的产业规模、产业特色和园区分布方面，已经逐渐形成布局合理、发展优势明显、竞争差异化的产业体系。上海目前以汽车、地产、金融为支柱产业，在未来产业发展上聚焦于新一代信息技术、金融、航运、生物医药、新能源、文化创意和商贸会展等。江苏当前的支柱产业包括机械装备制造、电子计算机、交通运输和石油化工等，制造业已形成产业发展集群，在未来产业发展上聚焦于新一代信息技术、人工智能、海洋工程、生物医药等。浙江当前的支柱产业包括互联网、电子计算机、化工、机械、医药医疗、有色金属等，在未来产业发展上聚焦于生物医药和健康、新能源、新材料、海洋工程、高端装备智能制造等。安徽当前的支柱产业包括建材、有色金属和钢铁等，在未来产业发展上聚焦于新一代信息技术、高端装备智能制造、新材料等。充分利用重点城市和龙头企业的引领作用，持续汇聚创新资源，不断优化产业结构，区域协同发展的趋势日益明显。

# 第二节　产业发展特点

## 一、产业集聚和资源优势凸显

整合多方优质资源，不断提高产业集聚度。未来产业细分领域中的生物医药、人工智能、新能源汽车和新材料是长三角地区发展领域的共同选项。在政策方面，随着长三角地区更高质量的一体化发展并上升为国家战略，长三角地区的未来产业迎来新的发展良机。一方面，长三角地区各地政府秉持开放合作的理念，强化连接与整合，构建政策服务平台，营造更加开放的政策氛围，有效促进信息和资源共享；另一方面，三省一市因地制宜，相继出台战略性新兴产业和未来产业相关计划，全力扶持相关产业发展，不断优化产业发展动能。在技术研究创新方面，长三角地区拥有上海张江高新技术产业开发区、安徽合肥高新技术产业开发区，并集中了浙江大学、南京大学、复旦大学、上海交通大学、中国科学技术大学等约全国1/4的"双一流"高校，以及近300家国家级双创示范基地、国家工程研究中心和工程实验室。在人才体系构建方面，长三角地区不断整合社会、企业、高校的资源，建立健全多层次、多类型的软件人才体系。在企业实力方面，长三角地区培育了一批具有国际竞争力的大型企业，以及大批人工智能、大数据、工业互联网等领域的中小型创新企业，如上海的中国银联、华讯网络、宝信软件，浙江的阿里巴巴、海康威视、大华技术，江苏的南瑞集团、熊猫电子，安徽的科大讯飞等。

## 二、产业协同和创新势能强劲

组织各类创新交流活动，建设区域协同发展体系。三省一市基于自身优势，打造培育特点各异的新技术、新产品、新应用，形成了优势互补的良好发展态势，并将在"原始创新"、"成果转化"和"平台建设"3 个环节开展深入合作。其中，上海围绕国际经济、金融、贸易、航运和科技创新"五个中心"的建设，着力提升大都市综合经济实力、金融资源配置能力、贸易枢纽地位、航运高端服务能力和科技创新策源能力，打造长三角国家技术创新中心等前沿领域国际交流平台；江苏发挥制造业发达、科教资源丰富、开放程度高等优势，积极推进沿沪宁产业创新带发展，加快建设苏南自主创新示范区和南京江北新区，致力于打造具有全球影响力的科技产业创新中心和具有国际竞争力的先进制造业基地；发挥浙江数字经济领先、生态环境优美、民营经济发达等特色优势，大力推进大湾区、大花园、大通道、大都市区建设，整合提升一批集聚发展平台，旨在打造全国数字经济创新高地、对外开放重要枢纽和绿色发展新标杆；安徽发挥创新活跃强劲、制造特色鲜明、生态资源良好、内陆腹地广阔等优势，积极推进皖江城市带联动发展，加快合芜蚌自主创新示范区建设，打造具有重要影响力的科技创新策源地、新兴产业聚集地和绿色发展样板区。

# 第三节　重点城市

## 一、上海

明确未来产业发展方向。上海明确提出产业路线图，提出加快建设"（2+2）+（3+6）+（4+5）"现代化产业体系，大力发展新质生产力，全力落实新一轮集成电路、生物医药、人工智能"上海方案"，培育提升先进材料、新能源汽车、空间信息、民用航空、高端装备等高端产业集群，加快打造未来产业先导区。其中，"2+2"是两融合、两转型，包

括促进先进制造业和现代服务业的两个融合，以及所有产业尤其是上海传统产业要实现数字化转型和绿色低碳转型；"3+6"是中央要求的集成电路、生物医药、人工智能三大先导产业，以及上海有特点、有基础、有优势的电子信息、生命健康、汽车、高端装备、先进材料和时尚消费品六大重点产业，要打造上海高地；"4+5"是培育数字经济、绿色低碳、元宇宙和智能终端四大新赛道产业。然后要抢先布局未来健康、未来智能、未来能源、未来材料和未来空间五大未来产业方向。

因地制宜地进行集成电路、生物医药和人工智能产业空间的优化布局。在集成电路领域，上海正打造"一体两翼"空间布局。截至 2024 年 11 月，张江科学城集聚了 2.48 万家创新型企业，拥有外资研发机构 181 家，在集成电路设计、芯片制造、新药研发等领域均处于国内领先地位，逐步形成"张江研发+上海制造"的协同发展格局；临港新片区实现工业总产值超 1000 亿元，年均增幅达到 30%。在生物医药领域，上海深化以"1+5+X"为主体的空间布局，打造张江生物医药创新引领核心区，以及临港新片区精准医疗先行示范区、东方美谷生命健康融合发展区、金海岸现代制药绿色承载区、北上海生物医药高端制造集聚区、南虹桥智慧医疗创新试验区五大特色产业区，培育特色产业载体。在人工智能领域，上海深化构建"东西互动、多点联动"的产业布局。完善"4+X"总体布局，推进浦东张江、徐汇滨江、闵行马桥、临港新片区四大优势产业集聚区创新发展，在全市因地制宜地建设一批特色品牌载体；聚焦人工智能的赋能和引领，加快推动人工智能在"五个新城"的建设布局，形成特色鲜明的发展格局。此外，各区还根据各自的发展特点与优势，确定产业发展方向，崇明区依靠自身的地理优势和资源优势，优先发展海洋经济产业；上海市区则重点发展低污染的高新技术产业，如光子芯片与器件产业、类脑智能产业、氢能与储能产业；浦东新区则依靠自身的科创优势和区位优势，着重发展细胞与基因技术产业、类脑智能产业和新型海洋经济产业。

三大先导产业市场潜力稳步提升。上海加强三大先导产业核心技术攻关，以产线牵引集成电路全链条突破，以创新药械带动生物医药高质量发展，以底层技术支撑人工智能迭代升级，产业发展新动能稳步壮大，市场活力不断增强。2023 年，上海集成电路、生物医药、人工智能三大先导产业规模达到 1.6 万亿元。预计到 2025 年，上海三大先导产业总规模将达 1.8 万亿元。在集成电路领域，2020—2022 年，上海集成电路产业规模快速扩张，从 2020 年的 2071 亿元增长至 2022 年的 3000 亿元，年均增长率为 20.36%，产业集聚力持续提升。截至 2024 年 3 月，上海集成电路产业企业数量达 2.85 万家。在生物医药领域，2023 年全年，上海创新药械数量保持领先，新增获批 1 类创新药 4 个、3 类创新医疗器械 9 个。值得关注的是，上市的 4 款 1 类新药均来自浦东新区的企业，分别是旺实生物的氢溴酸氘瑞米德韦片、盛迪医药的阿得贝利单抗注射液、海和药物的谷美替尼片、上海津曼特的纳鲁索拜单抗注射液。在人工智能领域，随着上海首家生成式人工智能质量检验检测中心挂牌及通用机器人产业研究院、临港机器人产业基地揭牌等，上海创新平台加速布局，创新成果也持续涌现，如浦东新区的企业傅利叶智能发布了首款人形机器人，直观复星研发的国产达芬奇 Xi 手术机器人上市等。

**部分前沿领域商用化进程加快。**上海的未来产业主要有光子芯片与器件产业、细胞与基因技术产业、类脑智能产业、氢能与储能产业和 6G 产业。大部分未来产业仍未实现规模化商用，仍在实验和探索阶段。在光子芯片与器件产业领域，上海已经打通光子芯片从设计到流片的全流程，在三维光子芯片方面已经世界领先。在细胞与基因技术产业领域，依托张江细胞与基因产业园集聚各类基因治疗企业，建设技术与规模双领先的细胞与基因产业集群。在类脑智能产业领域，上海的类脑智能产业走在全国前列，发布了"脑与类脑智能基础转化应用研究"等重大阶段性成果，在类脑人工智能算法、重大脑疾病智能诊疗等未来智能科技领域实现重大原始突破。在氢能与储能产业领域，上海拥有充足的工业副产氢，具备制氢的资源禀赋，率先参与燃料电池汽车和关键设备的研发。在 6G 产业领域，上海提前布局 6G 技术研发，抢占行业高地。

## 二、南京

《南京市加快培育新赛道发展未来产业行动计划》布局新一代人工智能、第三代半导体、基因与细胞、元宇宙、未来网络与先进通信、储能与氢能六大细分产业。行动计划提出，到 2025 年，南京未来产业实现主营业务收入 3000 亿元以上，增加值占全市生产总值的 5%左右。南

京重点突破一批关键核心技术，未来产业竞争优势和示范带动能力显著提升，发展水平位居全国第一方阵。到 2030 年，全市未来产业将实现主营业务收入 15000 亿元以上，增加值占全市生产总值的 15%左右，打造未来产业科技原始创新策源地，形成一批战略性新兴产业集群，带动产业发展能级整体跃升，打造未来产业"南京样板"，成为引领全国未来产业发展的重要战略力量。

**产业空间布局持续优化。** 新一代人工智能以栖霞区中国（南京）智谷、麒麟科创园（高新区）、软件谷为主要节点，以江北新区和江心洲生态科技岛为两翼；第三代半导体以江宁开发区、浦口开发区为主要载体；元宇宙以江宁高新区为发展先导区；未来网络与先进通信依托江宁开发区打造百亿级未来网络与先进通信产业集群；储能与氢能以江北新区、六合区、江宁区为发展重点。按区域分布，玄武区、栖霞区、秦淮区、建邺区、六合区协同发展包括脑科学等的前瞻性医疗产业；南部新城（包括高淳区、溧水区等）重点发展航空航天产业，各区均侧重发展未来网络、区块链等产业。现阶段，产业园区建设聚集于江宁、浦口等郊区新城，其中，江宁区产业基础好、交通便捷、配套完善，聚集了全市约 1/3 的产业园区，开发主体以企业为主，占比达 86.1%。在园区类型方面，科研办公园区、生产制造园区和孵化器较多，占比分别为35.4%、23.9%和 18.2%，为南京未来产业的发展奠定了载体基础。

**部分领域综合实力显著提升。** 在新一代人工智能领域，南京相关产品和服务已涵盖人工智能基础支撑层、技术产品层和应用示范层等各领域，在人工智能软件、智能机器人、智能网联汽车等领域占据部分优势，截至 2024 年 6 月，已聚集人工智能研发及应用企业近 500 家。预计到2025 年，南京人工智能核心产业规模将达到 500 亿元。在第三代半导体领域，南京具有良好的发展基础，构建了从设备、材料、芯片、器件到应用的全产业链布局，集聚了一批具备核心竞争力的优质企业，部分技术达到国际国内先进水平。在基因与细胞领域，南京具备齐全的产业链、丰富的创新资源及优质的医疗资源，基因与细胞产业具备发展基础，江北新区已汇聚一批国际化高端项目资源。目前，位于江北新区的基因与细胞实验室已拥有 1.5 万平方米载体空间、5000 余套基因与细胞相关科学仪器设备、八大类 300 余项专业服务资质。在元宇宙领域，南京在产业布局、政策引导、企业集聚等方面已形成较好的生态。江宁高新区获批"南京市元宇宙产业先导区"称号，集聚了以灵境元宇宙研究院、百度移信、完美世界等一批元宇宙领域重点企业和平台，初步形成了"研究院+产业联盟+先导区/集聚区"的创新发展态势。在储能与氢能领域，截至 2023 年年底，南京储能与氢能重点企业约 50 家，产业规模平稳增长，逐步覆盖产业链核心节点，涵盖了储能设备制造及原材料供应、储能系统集成、储能系统应用、氢气生产、加氢站建设等全产业链结构。此外，南京重点企业中的国电南京自动化和南京冠隆电力均入围"2023中国储能行业十佳 PCS 供应商"。

**前沿领域技术创新体系持续优化。**南京实施创新驱动发展"121"战略，成立市委创新委员会，建立高新区管委会总部和"1+N"的管理体系，网络通信与安全紫金山实验室、扬子江生态文明创新中心等重大科技创新平台建成使用，建立全链条科技企业培育体系，新型研发机构总数超过 400 家，高新技术企业数量从 2015 年的 1274 家增长到 2023年的 1 万家以上；实施"生根出访"计划，布局建设 29 家海外协同创新中心；高新技术产业产值占规模以上工业总产值的比重达到 53.4%，全市研发经费支出在地区生产总值中的占比和科技进步贡献率分别达到 3.38% 和 66%，每万人发明专利拥有量达到 82.86 件。南京打造集聚创新资源的"强磁场"经验获国务院通报表扬。

## 三、苏州

**制定未来产业专项政策文件。**2023 年 9 月，苏州发布《关于加快培育未来产业的工作意见》。该意见指出，到 2030 年，重点突破一批填补国内空白的关键核心技术，未来产业与战略性新兴产业、优势主导产业有效衔接，全市未来产业总产值突破 5000 亿元。技术创新能力不断提升，加强技术与产业联动，实现"科学发现—技术发明—产业应用"全链式布局。重点领域集聚方式不断优化，未来产业创新成果转化体系得到完善，未来产业技术转化加速推进，未来产业创新集群初步形成，构建相互促进、融合发展的产业生态。截至 2023 年年底，苏州规模以上工业总产值迈上 4.4 万亿元新台阶，达到 44343.9 亿元，规模以上工业增加值比 2022 年增长 3.6%。生物医药入选首批国家级战略性新兴产业集群，生物医药及高端医疗器械、高端纺织、纳米新材料入选国家先进制造业集群，先进材料入选首批省级战略性新兴产业融合集群。依托战略性新兴产业集聚优势和技术积累，苏州已具备抢抓未来产业先机的能力。

**大力实施五大行动。**一是优势产业"强基行动"。苏州依托现有主导产业和战略性新兴产业发展优势，构建以高端新兴服务业和未来产业为主导的创新型总部经济集群。二是关键技术"攻坚行动"。苏州加强前沿技术、颠覆性技术的多路径探索、交叉融合，开展"科学发现—技术发明—产业应用"全链式布局，形成产业和创新的良性循环；充分发挥苏州实验室、"一区两中心"等强磁场作用，建立一批专业人才培养基地，布局一批海外技术转移转化网络节点、国际技术转移和创新合作中心。三是创新主体"引培行动"。苏州发挥大型科技领军企业和重点科研院所的引领作用，加快创建国家级和省级高能级创新载体，积极争取国家重大科技创新专项支持；围绕产业关键共性技术搭建公共服务平台，优化大中小企业协同创新机制，实现各类企业融通发展。四是发展空间"优化行动"。苏州落实长三角一体化、长江经济带等国家战略，探索构建跨区域未来产业协同发展体系；统筹全市未来产业布局，积极争创国家未来产业先导区，在制度创新、成果转化、示范应用等方面探索先行，着力形成各具特色、分工合理、优势互补的未来产业发展格局。五是生态伙伴"共建行动"。苏州深化中新、中日、中德等合作，推进中荷等合作；鼓励本地国企与重点央企对接，加快构建未来产业生态圈；加强规范引导和战略咨询，打造"创意+小切口+新治理"的前瞻性试验空间，优化产业发展生态。

**明确未来产业空间布局。**苏州坚持全市统筹、差异布局、协同发展，各县级市（区）立足自身优势，根据区域资源禀赋与产业创新基础，聚焦产业主攻方向。从未来产业布局来看，前沿新材料产业主要分布在苏州工业园区和吴江区，光子芯片与光器件产业主要分布在虎丘区和苏州工业园区，元宇宙产业主要分布在昆山市、吴中区和姑苏区，氢能产业主要分布在张家港市和常熟市，数字金融产业主要分布在相城区，细胞与基因治疗产业主要分布在苏州工业园区和吴中区，空天开发产业主要分布在太仓市、相城区和昆山市，量子技术产业主要分布在相城区和吴江区（见图 14-1）。

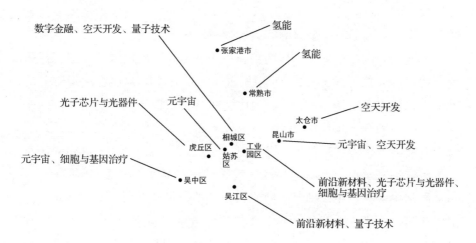

图 14-1　苏州未来产业空间布局

**集聚发展成效突出。**以人工智能产业为例，截至 2023 年年底，苏州已聚集人工智能相关企业超 2000 家，BAT（百度、阿里巴巴、腾讯）、华为、微软、科大讯飞、云从科技等龙头企业陆续来苏布局发展，思必驰、初速度、科沃斯、智加科技等本土企业逐步成长为行业佼佼者。苏州的人工智能产业已初步形成近千亿级产业集群，成为长三角地区人工智能产业发展的新引擎。苏州全力打造"苏州制造"和"工业互联网看苏州"等品牌，截至 2024 年 11 月，已建成 5G 基站 5.7 万个；建成在用数据中心 31 个、超算中心 3 个，其中国家超级计算昆山中心为江苏省第二个、全国第八个国家超算中心。推动工业制造领域企业"上云上平台"，截至 2024 年 7 月，完成江苏省星级上云 7000 余家，汇集大量企业数据资源。目前，太仓长三角人工智能超算中心、昆山国金数据云计算数据中心等市重点项目正有序推进，将为苏州人工智能产业的发展提供有力的基础支撑。

## 四、杭州

在人工智能、量子传感、生命健康等领域率先探索布局。2021 年 6 月，浙江省发展和改革委员会、杭州市人民政府印发《杭州城西科创大走廊发展"十四五"规划》。该规划提出，在人工智能、区块链、量子技术、增材制造、商用航空航天、生物技术和生命科学等重点前沿领域率先探索布局。经过多年的努力，杭州成功入选国家新一代人工智能创新发展试验区、国家人工智能创新应用先导区、国家区块链创新应用综合性试点，在《2022—2023 中国人工智能计算力发展评估报告》的人工智能城市排行榜中位居前三；杭州在增材制造领域的技术研发水平处于全国前列；云栖小镇与中国空间技术研究院合作布局空天信息产业链，国家民用无人驾驶航空试验基地（试验区）落户余杭；杭州的医学人工智能、高端医疗器械、检测试剂等前沿产品在国内具有一定地位。

**优化技术创新布局体系**。围绕重大战略领域和关键环节，杭州以打造城西科创大走廊创新策源地和创建综合性国家科学中心为抓手，实现国家实验室零的突破，浙江大学超重力离心模拟与实验装置、北京航空航天大学超高灵敏极弱磁场与惯性测量等大科学装置相继启动。杭州城西科创大走廊分布着未来科技城、紫金港科技城、青山湖科技城等一批重大平台，拥有浙江大学、之江实验室、湖畔实验室等一批重大国家科技战略力量，已成为密度大、增长快、有活力的人才高地；同时，汇聚了中电海康、平头哥等一批产业链领军企业，形成覆盖基础层、技术层和应用层的完整产业链和应用生态。截至 2023 年年底，杭州已落地建设 1 个国家实验室，在建 2 个国家大科学装置，拥有 18 个全国重点实验室，建设 7 个浙江省实验室，初步形成"1+2+18+7+N"的新型实验室体系。2024 年 2 月，杭州市科技局提出构建"226"科技工作体系，持续推动科技创新和科技成果转化。

**落户未来产业研究中心**。国家发展和改革委员会正式批复同意浙江依托西湖大学创建全国首个未来产业研究中心，聚焦未来医药、分子智造与功能、未来材料设计及创造领域，攻关复杂共性原理、基础科学问题和尖端前沿技术，构建"源头创新—技术研发—成果转化—公共服务"的未来产业创新生态，前瞻布局具有爆发式增长潜力的数智科技、生命科技、未来科技三大硬核技术集群，聚焦六大颠覆性技术集群，孵化培育 20 个产业新业态。杭州围绕"基础研究、研发及产业化、新兴业态"布局，攻关战略性前沿技术，面向世界，引领未来发展；突破"卡脖子"技术和做强优势领域，服务全国发展；壮大已布局的关键领域，带动全省发展，推动"互联网+"、生命健康、新材料三大科创高地融合共生发展。打造具有全球竞争力的数智科技技术集群，重点发展新一代人工智能、集成电路及第三代半导体、未来通信和数据网络等技术群，着力打造世界级数字经济产业；培育具有全国特色优势的生命科学技术集群，建设国际一流生命健康产业；部署面向未来战略的量子科技、先进材料技术集群，前瞻布局重量级未来产业。

## 五、合肥

**代表性产业规模持续扩大**。2023 年，合肥规模以上工业增加值同比增长 10%以上，居万亿城市第 3 位；净增国家高新技术企业 1994 户，总数达 8406 户，国家科技型中小企业突破 1.1 万户。2024 年，合肥聚力打造"6+5+X"产业集群，持续增强三大国家级战略性新兴产业集群核心竞争力，力争新能源汽车、生物医药、先进光伏和新型储能成为国家级战略性新兴产业集群，新增百亿级企业 5 家左右、千亿级企业 1～2 家，争创首批国家新型工业化示范区；培育壮大未来产业，扩大低空经济、下一代人工智能、空天技术、聚变能源、量子信息等领域的先发优势，加快元宇宙技术开发应用。

**打造科产城融合创新标杆**。"科大硅谷"以中国科学技术大学等高校院所为纽带，聚焦创新成果转化、创新企业孵化、创新生态优化，汇聚世界创新力量，发挥科技体制创新引领作用，立足合肥城市区域新空间打造的科技创新策源地、新兴产业聚集地示范工程。到 2025 年，"科大硅谷"争取汇聚各类优秀人才超 10 万名，形成多层次基金体系，基金规模超 2000 亿元；集聚科技型企业、新型研发机构、科创服务机构等超 1 万家，培育高新技术企业 1000 家，上市公司和独角兽企业 50 家以上，形成一批可复制、可推广的制度成果，逐步成为全国科技体制创新的标杆。

**优化产业发展生态，服务国家战略科技力量建设**。合肥以高质量服务保障国家实验室、综合性国家科学中心建设，成立量子科技产业研究院，争创国家科技创新中心、国家技术创新中心；加快建设未来大科学城，高水平建设大科学装置集群等重大项目，开工建设量子精密测量实验装置、高精度地基授时系统，加快建设合肥先进光源等 4 个大装置，争取将强光磁、超级陶粲装置纳入国家重大科技基础设施发展规划；同时，提升教育服务发展能力，支持中国科学技术大学、合肥工业大学、安徽大学等"双一流"高校的学科建设，开工建设中国科学技术大学科技商学院，筹建安徽（合肥）高等研究院。

**构建超导产业链**。在"十四五"期间，合肥将依托一批重大科技基础设施，推动超导、等离子体推进、高场强核磁、先进激光、电磁防护等衍生技术的转化和工程化，引领带动产业创新发展。其中，在高温超导储能产业，合肥将依托"人造太阳"实验装置（EAST）及国际热核聚变实验堆计划（ITER）的现有超导测试平台，利用现有的超导材料研发、超导设备和超导部件制造等关键技术，研发设计基于现有超导技术的新一代设备，如超导电机、超导涡流制动器等，大力发展超导相关产业，构建超导产业链。

**加快量子科技产业化**。近年来，合肥全力打造量子科学和量子产业"双高地"。2023 年，首个国家量子信息未来产业科技园在高新区揭牌运行；加快建设量子科技园、量子计算产业园、量子科仪谷，为产业集群发展打造承载空间。同时，中电信量子集团在高新区启动 12 家央企参与的量子通信产业化项目。如今，园区已初步形成以科大国盾、本源量子、国仪量子三家企业领军的量子通信、量子计算、量子精密测量产业链。2024 年，合肥成立量子科技产业研究院，加快建设未来大科学城，高水平建设大科学装置集群、深空科学城、科学家小镇、科学中心总部园区、中国科技大学天都校区等重大项目。

第十五章

# 粤港澳大湾区

## 第一节　整体发展情况

2023 年以来，粤港澳大湾区紧跟世界前沿科学技术，紧抓全球及中国未来产业发展的有利时机，积极落实广东未来产业发展的战略举措，聚焦未来电子信息、未来智能装备、未来生命健康、未来材料、未来绿色低碳等重点领域，加快布局未来产业发展。粤港澳大湾区已深度融入世界经济，取得全球瞩目的历史性成就，在抢占未来产业发展先机的大潮中，将继续勇担重责，力争成为引领者和弄潮人。

**未来电子信息等五大产业集群成为粤港澳大湾区布局未来产业的关键抓手。**未来产业由前沿技术驱动，具有显著战略性、引领性、颠覆性和不确定性。大力发展未来产业；是引领科技进步、带动产业升级、培育新质生产力的战略选择。2023 年，广东启动了未来产业政策的编制工作，提出选定未来产业的 3 个标准：一是战略意义突出，引领产业发展方向；二是知识技术密集，引领技术变革方向；三是产业基础较好，引领市场主导方向。基于此，广东紧跟未来产业发展动向，研究其发展演进趋势，对标国际国内未来产业布局情况，同时立足自身技术与产业发展优势，积极推动未来产业加速发展。2024 年 2 月，广东发布了未来电子信息、未来智能装备、未来生命健康、未来材料、未来绿色低碳5 个未来产业集群行动计划。发展目标是，到 2030 年，五大未来产业集群成为新的经济增长点，创建 5 个未来产业科技园，广泛培育向未来产业布局的大中小企业，涌现一批具有世界影响力的科技成果，引进并使用高层次战略科学家和企业家，在若干领域增强战略优势，到 2035 年，基本形成若干领跑全球的未来产业集群。大力发展五大未来产业集群，是以充分衔接广东现有的 20 个战略性产业集群，尤其是战略性新兴产业集群为基础的，与现有产业政策一脉相承。广东是 2024 年 1 月工业和信息化部等七部门联合印发《关于推动未来产业创新发展的实施意见》以来第一个出台未来产业政策的省份。

**粤港澳大湾区具备发展未来产业坚实的产业基础、丰富的科技创新资源和完善的产业生态。**粤港澳大湾区的产业基础坚实，特别是在电子信息、高端装备制造、汽车产业等方面表现突出。广州已成为中国新型显示产业集群核心发展的区域之一，与新型显示相关的产业产值超千亿元。粤港澳大湾区在智能终端、信息通信、集成电路设计等领域具有良好的产业基础，5G 手机、通信设备、计算机整机等产品产量居全国前列。粤港澳大湾区科技创新资源丰富，拥有一批国家重大科技基础设施和高水平研发机构，拥有东莞中国散裂中子源、江门中微子实验室等一批大科学装置，同时还有国家超级计算广州、深圳中心等重要科学基础设施。粤港澳大湾区科技创新与生态环境耦合度高，经济发达的城市（如广州、深圳、佛山和东莞）表现尤为突出，近年来通过加快"广深港"和"广珠澳"科技创新走廊的建设，全面推进粤港澳三地制造业的创新合作，形成了良好的创新氛围和产业协同发展环境。

## 第二节　产业发展特点

**未来产业创新动能澎湃。**粤港澳大湾区作为国家重要的经济引擎，受到国家和地方政府的高度重视。在政策上，该地区被赋予了多项战略定位，如"开放创新先行区"、"转型升级引领区"、"协同创新示范区"和"创新创业生态区"等。粤港澳大湾区拥有一批国家重大科技基础设施，如中国散裂中子源及国家超级计算广州、深圳中心等，这些基础设施的建设为源头创新提供了重要的物质基础和技术平台；聚集了大量创新型企业，如华为、大疆、腾讯等，这些企业在源头创新方面发挥了重要作用。此外，该地区还有大量的国家高新技术企业和专精特新"小巨人"企业，它们在各自的领域内进行着积极的创新探索和实践。世界知识产权组织"2023 年全球创新指数报告"显示，深圳—香港—广州科技集群连续 4 年排名第二，显示了该地区强大的源头创新能力。

**知识产权成果转化突出**。粤港澳大湾区积极推动知识产权战略的实施，加强知识产权保护合作，在知识产权创造和运用方面表现突出，促进了未来产业创新成果的转化和应用。截至 2023 年，深圳规模以上工业总产值、工业增加值连续两年实现全国城市"双第一"，战略性新兴产业增加值增长 8.8%，体现了卓越的技术成果转化效能。2023 年，比亚迪汽车销售量同比增长 61.9%，体现了技术转化在新能源汽车产业的成功应用。粤港澳大湾区在智能终端、信息通信、集成电路设计等领域具有全球竞争力的产业体系，5G 手机、通信设备、计算机整机等产品产量居全国前列。粤港澳大湾区不断涌现新业态和新增长点，如风光发电、新型储能等新能源产业；人工智能、基因技术等未来产业正在快速壮大。

**未来产业集聚势头强劲**。粤港澳大湾区已经形成多个产业集群，如电子信息、高端装备制造、汽车产业等。这些产业集群不但规模大，而且产业链完整，上下游企业协同发展，形成了强大的集聚效应。例如，区域内形成了以广州、深圳为龙头的汽车产业集聚区，以及珠江东岸和西岸的电子信息产业集聚区。比亚迪等企业作为汽车产业集群的标志性企业，推动了粤港澳大湾区汽车产业的集聚发展。2023 年，粤港澳大湾区经济总量突破 14 万亿元，以不到全国 0.6%的国土面积，创造了全国 1/9 的经济总量，综合实力再上台阶，显示了在产业集聚方面的显著成效，正朝着建设世界级城市群的目标奋进。粤港澳大湾区积极构建开放、协同、共享的创新生态系统，通过创新平台、孵化器、加速器等多种形式，为企业提供全方位的创新支持，促进了产业的快速集聚和发展。此外，粤港澳大湾区的国际化程度很高，与世界各地的经济联系紧密，许多国际知名企业在此设立了研发中心或生产基地，推动了技术和资本的全球流动，进一步提升了产业集聚的国际化水平。

## 第三节　重点城市

### 一、广州

广州是中国经济最活跃的城市之一。2023 年以来，广州在自身战略性新兴产业、科创资源等优势的基础上，大力发展面向未来的量子科技、区块链低空经济等未来产业，展现出强劲的发展势头和发展潜力。

**打造全球重要的未来产业策源地。**《广州市战略性新兴产业发展"十四五"规划》提出了广州未来产业发展蓝图，即广州将实施未来产业培育行动计划，瞄准一批面向未来的前沿产业集中突破，把广州打造成全球重要的未来产业策源地。

**部署五大未来产业重点方向。**广州规划部署了量子科技、区块链、太赫兹、天然气水合物、纳米科技五大未来产业。其中，黄埔区布局相对较多，重点发展太赫兹、量子科技、区块链、纳米科技；白云区重点布局区块链、太赫兹、量子科技；南沙区重点发展区块链、量子科技、纳米科技；天河区布局区块链、量子科技、天然气水合物；其他各区的布局和发展也各有侧重。

**着重发力关键平台和产品技术。**在量子科技领域，2023 年 4 月，香港科技大学（广州）量子科技中心主题实验室正式投入使用。在区块链领域，广州已经取得了令人瞩目的进展。据不完全统计，广州的区块链产业园已有 6 家，全市孵化的区块链企业数量超过 400 家。在太赫兹领域，广东大湾区空天信息研究院取得重要突破，成功研制出太赫兹扫描隧道显微镜系统。在天然气水合物领域取得新突破。2023 年 9 月，广州能源检测研究院搭建完成对应的天然气水合物真空顶空分解装置，填补了市场监管领域对清洁能源天然气水合物质量评价技术的空白。在纳米科技领域，已获批建设中国纳米产业领域唯一的国家级创新平台——国家纳米智造产业创新中心。

**着力培育未来产业头部企业。**广州积极培育优质企业，大力支持和促进未来产业的集聚发展。广州拥有超过 1.23 万家高新技术企业，其中 22 家企业入选 2023 年胡润全球独角兽榜，总量排名全国第四，增速居全国之首。在量子科技领域，拥有国腾量子、国盾量子等龙头企业；在区块链领域，打造了中睿科技、贝富（广州）、广电运通等头部企业；在太赫兹领域，广东大湾区空天信息研究院率先取得重要突破；在纳米科技领域，培育了广东粤港澳大湾区国家纳米科技创新研究院、广纳四维、方邦电子等领先科研机构和企业。

**奋力打造千亿级低空经济新引擎**。为抢抓低空经济发展机遇，2024 年 5 月，广州市人民政府办公厅印发《广州市低空经济发展实施方案》，广州将以无人机和新型垂直起降航空器研发制造为低空制造业重点，以城市空中交通、低空物流、公共服务为低空飞行运营重点，建成广州第一个跑道型通用机场，新建 5 个以上枢纽型垂直起降场、100 个以上常态化使用起降点、数百个社区网格起降点，力争到 2027 年，低空经济整体规模达到 1500 亿元。

## 二、深圳

作为中国改革开放的窗口和粤港澳大湾区核心引擎城市之一，也是中国较早提出发展未来产业的城市，深圳在未来产业政策支持、产业基础、人才集聚等方面国内领先，发展未来产业具有得天独厚的优势和基础。

**重点布局合成生物、区块链等八大未来产业**。《深圳市培育发展未来产业行动计划（2022—2025 年）》明确了深圳重点发展的八大未来产业，合成生物、区块链、细胞与基因、空天技术 4 个未来产业在 5～10 年内有望成长为战略性新兴产业，脑科学与类脑智能、深地深海、可见光通信与光计算、量子信息 4 个未来产业在 10～15 年内有望成长为战略性新兴产业。八大未来产业中，南山区布局相对较多，提出重点发展量子科技以外的 7 个，坪山区、光明区、龙华区各重点布局 4～5 个，其他各区的布局和发展也各有侧重。深圳坚持全市统筹、差异布局、协同发展，以光明科学城、河套深港科技创新合作区、前海深港现代服务业合作区、西丽湖国际科教城、东部滨海国际生物谷、红岭新兴金融产业带和深圳国家高新区南山园区、坪山园区、宝安园区、龙岗园区、龙华园区作为未来产业"6+5"核心承载区，根据核心承载区资源禀赋与产业创新基础，优化整体布局，合理规划产业发展，提升未来产业发展能级。

以光明科学城建设加快未来产业源头创新。光明科学城是粤港澳大湾区综合性国家科学中心先行启动区的重要组成部分,是深圳未来产业的核心承载区之一。按照规划,光明科学城共布局 24 个重大科技创新载体,包括 9 个重大科技基础设施、11 个前沿交叉研究平台、2 个省重点实验室和 2 所高水平研究型高校。2023 年,24 个重大科技创新载体建设迎来多项显著进展,当前已有 20 个重大科技创新载体处于在建和运营状态:深圳医学科学院正式落户光明区,深圳医学科学院和深圳湾实验室一体化永久场地建设项目已于 2023 年年底正式启动。另外,已经建成的合成生物研究、脑解析与脑模拟设施两个大科学装置已于 2023 年正式运营,分别是国内首个整合了软硬件控制、合成生物学应用的大型研发系统和全球首个综合型脑科学研究平台,均具备国际领先水平。

八大未来产业集聚发展格局初步形成。合成生物产业形成了大规模的合成生物学领域研究团队,2021—2023 年,国内新成立的合成生物企业有 40%落户深圳;深圳是中国区块链发明专利申请量相当多的城市,还拥有全国数量第二的区块链主体企业,区块链相关企业达 5000 余家;宝安区初步构建了“产品研发、系统集成、高端制造、行业应用”一体化空天产业核心产业链,拥有 29 家规模以上企业和 60 家国家高新技术企业,整体产值约为 20 亿元,成为打造空天技术产业的创新高地;已聚集了近百家脑科学与类脑智能产业领域重点企业;细胞与基因产业起步早、产业基础较好,培育出华大基因、北科生物、科诺医学等行业龙头企业;拥有约 19000 家涉海企业,其中包括中集集团、招商重工(深圳)、中海油(深圳)、招商港口、盐田港集团、中兴通讯、研祥智能等一批涉海龙头企业;与可见光通信、光计算相关的上下游产业链完善,在芯片、光源和检测器等器件、系统集成等环节,集结了大量知名企业;量子信息产业发展水平较高,在科研基础方面,成立了量子科学与工程研究院,在全球吸引了超过 360 人的人才队伍,成为中国量子科技的南方高地,华为、腾讯等企业已在量子信息领域展开布局,对标量子计算世界前沿。

第十六章

# 成渝地区

## 第一节　整体发展情况

2021 年，中共中央、国务院印发《成渝地区双城经济圈建设规划纲要》，明确了成渝地区双城经济圈的战略定位和发展目标，规划期至2025 年，展望到 2035 年。规划旨在加强顶层设计和统筹协调，推动成渝地区形成有实力、有特色的双城经济圈，打造带动全国高质量发展的重要增长极和新的动力源。

近年来，成渝城市群未来产业发展势头迅猛，正加快打造具有全国影响力的科技创新中心。西部科学城已成为重要的创新高地，重大项目建设加速推进。2024 年 1 月发布的《共建成渝地区双城经济圈 2024 年重大项目清单》提出实施科技创新项目 31 个，包括建成投用锦屏深地实验室等重大科技基础设施项目。截至 2024 年 6 月，两地实现了 1.3 万台（套）大型科研仪器设备的开放共享，总价值超过 130 亿元，极大地提高了科研资源的利用效率。

## 第二节　产业发展特点

**区域协同创新体系日益完善。**成渝地区正通过加强顶层设计和统筹协调，协同推进关键核心技术攻关和创新资源共享。成渝地区科技部门打破行政区划限制，融合创新、合作共赢，截至 2023 年 6 月，联合实施核心技术攻关项目 115 项，投入资金超亿元。同时，两地加快构建全周期、全链条、市场化的成果转移转化体系，共同举办产业交流活动，围绕人工智能、先进制造、大健康、节能环保、现代农业等领域，共建重点实验室等创新平台。这种开放共享的模式不仅提高了创新资源的利用效率，也促进了跨学科、跨领域的创新合作，为未来产业发展注入了新的活力。

产业集群优势持续强化，差异化布局推动优势互补。以庞大消费市场为依托，以产业集群式创新发展为特征，成渝地区已在市场竞争中形成了门类齐全、基础实力雄厚的产业体系，截至 2024 年 3 月，拥有 9 个国家级产业集群和 2 个国家战略性新兴产业集群。两地依托科技创新平台和未来产业园区等载体，积极培育新兴产业主体，打造特色应用场景，构建未来产业生态系统。例如，成都获批开展国家未来轨道交通未来产业科技园建设试点，积极推进数字诊疗、氢能、基因治疗等前沿科技领域的首次应用和推广；重庆则在人工智能、卫星互联网等领域加快布局，建设重庆卫星互联网产业园。这种差异化发展不仅有利于未来产业的快速成长，也为传统产业转型升级提供了新路径。

人才资源协同开发与创新要素流动加速。两地联合开展"云端"人才招聘，为未来产业发展储备了大量人才。在生物医药领域，成都天府国际生物城携手重庆共同主办医药产业融合发展交流会，吸引了两地约 200 家医药健康行业企业参与。同时，两地还将重庆的 11 个生物医药平台纳入成都认定范围，促进了资源共享，为人才的跨区域流动和发展创造了良好的条件。这种协同发展模式不仅优化了区域人才结构，也加速了创新要素的流动，为成渝地区未来产业的持续发展提供了强大的智力支持。

## 第三节　重点城市

### 一、成都

前瞻性战略规划引领未来产业发展。成都于 2024 年 1 月出台《关于前瞻培育未来产业构筑高质量发展新动能的实施意见》。该意见明确了六大重点领域 24 条细分赛道的发展方向。这些领域包括前沿生物、先进能源、未来交通、数字智能、泛在网络、新型材料，涵盖基因及细胞治疗、绿色氢能、飞行汽车、类脑智能、量子科技、先进碳材料等细分赛道。文件设定了分阶段目标，旨在 3~5 年内搭建创新平台和生态体系，5~10 年内掌握关键核心技术，培育行业领军企业，打造服务国家战略的未来产业新前沿。

多元化培育机制助推未来产业快速成长。成都于 2024 年 1 月出台《关于前瞻培育未来产业的政策措施》。该措施聚焦五大方面，包括建立天使基金投向机制、创新研发模式、引育创业团队、激励产业发展和提供智力服务。14 条具体措施旨在为未来产业发展提供全方位支持。成都还构建了"产品—技术—科研"逆向研发链条和"6+N"发展机制，为未来产业发展创新多元化培育机制。

人工智能产业发展战略全面升级。成都通过一系列政策举措，如"算法 10 条"和《成都市人工智能产业高质量发展三年行动计划（2024—2026 年）》，构建了人工智能"数据、算力、算法"全要素政策体系。这些政策旨在促进算法发展、提升产业能级、构建完整生态，目标是在 2026 年之前，将人工智能领域的主要产业价值增长至 1700 亿元人民币，同时推动相关产业的总价值超过 1 万亿元人民币，以此确立成都作为国内人工智能产业的领军城市。

卫星互联网与卫星应用产业全链条布局。成都利用航空航天和电子信息产业优势，积极发展卫星互联网与卫星应用产业。2024 年 1 月发布的《成都市促进卫星互联网与卫星应用产业发展专项政策》，通过"蓉城星海"计划等措施，支持企业提升创新能力，强化行业应用，优化产业生态。目标是构建以整星制造与卫星应用为核心的全链条产业发展体系，推动卫星产业与城市发展深度融合。

## 二、重庆

科技创新成为产业创新的核心驱动力。重庆正通过科技创新来推动产业创新，重视新质生产力的培育。在构建创新体系方面，重庆市鼓励企业、高等教育机构、研究机构和科技组织建立创新联盟，推进电子芯片、环保节能、高端制造等领域的科技项目，汇聚优势资源以突破关键

技术和核心问题。这些举措有力推动了重庆特色未来产业的高质量发展。例如，重庆高新技术产业研究院是一个专门孵化高新技术企业的平台，提供研发、运营、人才等支持，帮助企业实现从技术研发到产品的全周期孵化。重庆抢抓新科技革命和产业变革战略机遇，推动"产学研用"深度融合，以科技创新推动产业创新，加快形成和释放新质生产力，增强经济新动能。

**战略性布局明确未来产业发展重点。**重庆未来产业在西部科学城重庆高新区布局相对较多，主要包括氢能与储能、生物育种与生物制造、脑科学与类脑智能等。西部科学城重庆高新区是重庆落实成渝地区双城经济圈建设国家战略、推动中心城区高质量发展的重要引擎，是全市科技创新和现代化产业体系建设的主战场、主阵地。其次，两江新区作为重庆产业基础最雄厚、开放功能最完善、创新资源最富集的区域之一，是重庆经济发展的主战场和重要增长极，重点布局卫星互联网、氢能与储能两个未来产业。

**全面构建科技成果转化体系。**重庆加快打造一个全面、专业、一体化、连续性的科技成果转化及产业化平台，建立国家级的科技成果转移转化示范区，设立国家技术转移的区域性枢纽，积极发展高新技术服务行业的集群区域。这些举措旨在打通科技成果转化的"最后一公里"，加速科技成果向现实生产力转化。通过建立健全科技成果转化机制，重庆不仅提高了科技成果转化效率，也为未来产业发展提供了持续动力，有力推动了创新链与产业链的深度融合。

第十七章

# 中部地区

## 第一节　整体发展情况

中部地区包括山西、安徽、江西、河南、湖北、湖南 6 省，经过多年的推进和发展，制造业发展态势良好，成为中国重要的制造业基地。2023 年，中部地区的生产总值为 269898 亿元，占全国经济总量的 26%以上。加快建设国家先进制造业基地是中部地区当前的首要任务。

中部地区城市群主要分为四大板块，分别是长江中游城市群、山西中部城市群、中原城市群和长三角城市群安徽片区。长江中游城市群被纳入"优化提升"的范畴，与京津冀、长三角、珠三角、成渝四大城市群同级。长江中游城市群地跨湖北、湖南、江西三省，承东启西、连南接北，是推动长江经济带发展、促进中部地区崛起、巩固"两横三纵"城镇化战略格局的重点区域，在中国经济社会发展格局中具有重要地位。长江中游城市群是中国面积较大的城市群，也是中国第一梯队城市群中覆盖城市数量较多的城市群。虽然长江中游城市群与京津冀、长三角、粤港澳三大世界级城市群存在差距，但在中国各省及直辖市生产总值排名中，湖南和湖北均位居前十，且增速高于其余城市群核心城市。长江中游城市群是目前五大城市群内经济增长相对较快的区域，接下来将是中国经济发展最具增长性的区域之一。

## 第二节　产业发展特点

**坚持系统推进。**中部地区正以"三基地一枢纽"（重要的粮食生产基地、能源原材料基地、现代装备制造及高技术产业基地和综合交通运输枢纽）为战略定位，通过优势互补、产业相融、协同发展，形成推动高质量发展的合力。《中共中央 国务院关于新时代推动中部地区高质量发展的意见》聚焦中部先进制造业发展，推动科技创新驱动发展：提出统筹规划引导中部地区产业集群（基地）发展，在长江沿线建设中国（武汉）光谷、中国（合肥）声谷，在京广沿线建设郑州电子信息、长株潭装备制造产业集群，在京九沿线建设南昌、吉安电子信息产业集群，在大湛沿线建设太原新材料、洛阳装备制造产业集群；建设智能制造、新材料、新能源汽车、电子信息等产业基地，打造集研究开发、检验检测、成果推广等功能于一体的产业集群（基地）服务平台；深入实施制造业重大技术改造升级工程，重点促进河南食品轻纺、山西煤炭、江西有色金属、湖南冶金、湖北化工建材、安徽钢铁有色等传统产业向智能化、绿色化、服务化发展；加快推进山西国家资源型经济转型综合配套改革试验区建设和能源革命综合改革试点；推进皖江城市带、晋陕豫黄河金三角、湖北荆州、赣南、湘南湘西承接产业转移示范区和皖北承接产业转移集聚区建设，重点承接产业链关键环节；融入新一轮科技和产业革命，提高关键领域自主创新能力，以科技创新引领产业发展，将长板进一步拉长，加快数字化、网络化、智能化技术在各领域的应用；依托产业集群（基地）建设一批工业设计中心和工业互联网平台，推动大数据、物联网、人工智能等新一代信息技术在制造业领域的应用创新，积极发展服务型制造业，打造数字经济新优势。

**坚持先进制造业优先发展。**国务院在《长江中游城市群发展"十四五"实施方案》中批复，长江中游城市群迎来发展新阶段。该方案指出，要联手打造先进制造业集群：加快打造航空航天、生物医药、新材料等产业集群；前瞻布局量子信息、类脑智能等一批先导产业，抢占未来发展先机。近些年，鄂、湘、赣三省在生产总值增速上超越东部地区，体现出后发赶超的强劲态势，未来将成为支撑中国经济增长的重点地区。

长江中游城市群一体化发展驶入快车道，目前以 3 个省会城市为核心的都市圈各自发展，圈内城市联系强度较高，但城市群之间的联系密切度有待提高。下一步应加强构建和完善区域协同发展机制，搭建多类型、多层次的区域合作平台，建立战略联盟，实现区域内部各地区的优势互补、合作共赢。三省同处于基于传统资源禀赋的传统重化工产业结构的转型中，都面临着提升整体自主创新能力、积极培育战略性新兴产业的重点任务。未来，长江中游城市群应抢抓机会窗口，瞄准世界级和国家级标志集群，创新以链长制为代表的地方主导型政策，破解先进制造业做大做强的痛点及难点问题，塑造先进制造业的核心竞争力。

**坚持优势互补、区域协同。**中部地区崛起过程中，既要加强与京津冀协同发展、长三角一体化发展、粤港澳大湾区建设的深度对接，又要加强与长江经济带发展、黄河流域生态保护和高质量发展的融合联动。同时，中部地区崛起衔接东部地区加快推进现代化和西部大开发形成新格局起到纽带与桥梁作用。一方面，充分利用中部地区的区位优势、资源优势、市场优势、文化优势等，积极引进东部地区科技、人才、品牌等创新资源和产业资本，有序承接产业梯度转移，优化产业布局，强化中部地区崛起的产业支撑；另一方面，充分发挥中部地区的大通道优势，加强与西部大开发的对接联动，不断增强对西部地区的辐射带动作用，促进中西部地区协同快速发展。对于长江中游城市群，各城市、地区经贸往来密切，基础设施、产业、市场等重点领域的合作不断深化，呈现出联动发展的良好态势。各地区充分发挥各自的比较优势，加强城市间合作，强化政策统筹、一体推进，形成分工合理、功能互补、协调联动的发展格局，显著提升区域整体竞争力。

## 第三节　重点城市

### 一、武汉

前沿领域创新体系逐步健全。自 2022 年，武汉着力实施"410"工程，推动科技创新中心立柱架梁，国家层面 51 项支持事项加快推进，地方层面 104 项建设任务进展顺利；大力加强平台建设，8 家全国重点

实验室获批建设，2 家国家技术创新中心揭牌运行，脉冲强磁场优化提升设施启动建设，武汉超算中心、武汉人工智能计算中心二期建成投运，北京大学武汉人工智能研究院、武汉光化学技术研究院等 5 个新型研发机构成立；武汉市、区共举办各类型成果转化对接活动 90 场，促成成果转化意向 529 项，院士专家项目落地 71 项。推动"5G 高精度定位产品研制及示范应用"等一批重大科技成果在武汉落地转化，市级资助金额近 3 亿元。截至 2023 年年底，武汉市技术合同成交额达 2198.43 亿元，首破 2000 亿元大关，同比增长 62.23%，创历史新高，在全国副省级城市中排名第三；搭建成果转化平台，提升转化服务效能。2023 年，全市新增备案中试平台 62 家，中试平台累计达 156 家，中试设备达 2.5 万台。2023 年，全市开展中试服务约 6 万项，服务收入近 20 亿元；增强新兴产业牵引力，大力实施战略性新兴产业倍增计划，加快前沿技术研发和推广应用，持续构建特色新兴产业生态圈；推动存储器、商业航天、新能源和智能网联汽车、网络安全人才与创新等国家产业基地，做强主导产业，延伸配套产业，提高集群融合发展水平。

提前布局电磁能、量子科技、超级计算、脑科学和类脑科学、深地深海深空等赛道。《武汉市国民经济和社会发展第十四个五年规划和2035 年远景目标纲要》提出，武汉规划在"十四五"期间加强前沿探索和前瞻布局，推进未来产业孵化与加速，布局一批未来产业技术研究院、未来技术实验室，打造未来技术人才培养基地，促进核心共性技术、前沿引领技术、现代工程技术、颠覆性技术的研发、转化和应用。武汉将重点布局五大未来产业。其中，电磁能主要聚焦电磁装备制造、高端舰船制造、高速轨道交通等，打造世界一流的电磁能产业；量子科技主要聚焦量子导航、量子通信基础应用网络、量子通信装备研制、量子计算等，打造国内量子技术及产业发展新高地；超级计算主要聚焦高性能计算、云计算等，积极布局超算产业链，提升海量数据存储、数据挖掘、数据交易、信息管理分析的能力，建设以云计算平台和云服务为关键支撑的数字生态，打造"科技算盘"，建设"算力城市"；脑科学和类脑科学主要聚焦脑重大疾病诊治、类脑计算与脑机智能等，积极开展脑科学与类脑研究，推动脑科学与人工智能有效结合，使武汉成为"中国脑计划"的领军者；深地深海深空主要聚焦地球深部勘探开发、深海装备和传感网络开发、深空对地探测等，形成"三深"运载探测装备系列化和配套能力，增强作业支持能力和资源开发能力，带动"三深"技术与装备的自主产业发展。

**依托各区特点协同发展未来产业。**武汉规划的五大未来产业主要在东湖高新区、洪山区、青山区、东西湖区和新洲区进行产业布局。其中东湖高新区是武汉未来产业布局的核心区域，是电磁能、量子科技、超级计算、脑科学和类脑科学等未来产业的核心布局区域；洪山区重点发展脑科学和类脑科学、深地深海深空；青山区重点发展深地深海深空；东西湖区重点发展量子科技；新洲区重点发展深地深海深空。

## 二、长沙

**依托重点企业与产业园区夯实未来产业发展基础。**长沙进一步推动建设国家重要先进制造业高地：大华股份华中总部、雅士林、比亚迪DM-i超级混合动力工厂、鹏博新材等项目建成投产；世界计算·长沙智谷、湘江智能网联产业园、楚天科技产业园等项目开工；新引进德赛电池、第三代半导体产业园、派浪丝电子等百亿级工业项目。博世汽车、三一集团18号工厂被认证为世界"灯塔工厂"。中联、蓝思等5家企业入选"中国智能制造50强"，新增弗迪电池、惠科光电等7家百亿元产值企业。星邦智能入选"全球工程机械50强"，长沙成为全球第二个拥有5家以上全球工程机械50强企业的城市。截至2023年年底，长沙实现地区生产总值14331.98亿元，同比增长4.8%。在规模以上工业中，高技术制造业增加值增长5.6%，装备制造业增长11.0%，汽车制造业增长15.5%。数字经济核心领域规模以上企业增加值超700亿元，增长20%，长沙获评全国人工智能创新应用先导区。国家级互联网骨干直联点建成开通，全省首个5G应用生态产业园开园，湖南大数据交易所文化板块上线运营，湘江数字健康产业园初具雏形，中国联通中南研究院签约落户。长沙经济开发区获评首批国家级知识产权强国建设示范园区，宁乡经济开发区在"中国先进制造业百强园区"的排名上升16位，浏阳经济开发区综合评价位列全省第一，望城经济开发区获批国家火炬有色金属精深加工特色产业基地，宁乡高新区获批升级为国家高新技术产业开发区，隆平高科技园建成全国首个标准化产业集聚区，金霞经济开发区成为"一带一路"中小企业合作区的核心承载区，雨花经济开发区成为国家骨干冷链物流基地的核心承载园区，天心经济开发区荣获全国首批"科创中国"创新基地。

**关键核心领域实现诸多突破。**马栏山视频文创产业园获评国家文化和科技融合优秀示范基地。全省"四大实验室"全部在长沙挂牌建设，杂交水稻国家重点实验室、国家第三代半导体技术创新中心成功落户。天河新一代超级计算机系统正式运行，国家超级计算长沙中心的算力水平国内领先。极端环境电能变换等战略科技的基础设施建设取得突破性进展。长沙攻克"卡脖子"技术超过 20 项，突破关键核心技术 278 项，其中领跑全球技术（产品）24 项，产业链自主可控技术（产品）40 项，特别是在极端环境电能变换、大型掘进机主轴、量子点激光器、高性能嵌入式 GPU 芯片等领域取得了突破性进展，同时北斗三号导航系统芯片、8 英寸集成电路成套装备等技术达到全国领先水平，碳化硅功率器件装备等也成功打破国外垄断。此外，长沙设立科技成果转化母基金，先行试点知识产权证券化，发放科技型企业知识价值信用贷 40 亿元，研发经费投入同口径增长 17.1%，实现科技成果转化合同成交额 750 亿元，在长高校科技成果本地转化率提升到 38%。

**推进"十个重大科技创新标志性项目"建设。**长沙将加快打造国家科技创新中心，培育战略科技力量。以岳麓山种业创新中心为依托，按照国家实验室标准建设岳麓山实验室。全力争取大科学装置落户长沙，加快推进大飞机地面动力学实验平台、极端环境电能变换装置等重大科技基础设施建设。启动特种工程装备、干细胞等新型研发机构建设，创建战略性稀有金属矿产高效开发国家技术创新中心、先进运载装备与材料技术创新中心。加快湘江西岸科创走廊、三一科学城建设，推进湖南先进技术研究院、中南大学研发总部院士项目转化基地等的建设。壮大创新创造主体。强化企业的创新主体地位，实施高新技术企业"量质双升"行动，支持企业组建"创新联合体"，培育更多科技领军企业和科技型中小企业。长沙的科技成果转化体系不断完善，已建成 3 个国家级大学科技园、19 个省级技术转移示范机构，科技成果本地转化率显著提升。长沙还拥有全国重点实验室（含国家重点实验室）20 个，国家工程技术研究中心 14 个，国家企业技术中心 31 个，基于"4+4"科创工程在长沙布局"四大实验室"，两个"重大科技基础设施"也成功落地长沙。长沙已形成"政府引导+政策保障+金融支撑+全链条服务"的科技创新模式，并出台促进驻长高校知识产权就地转化的相关措施，多元化投入体系实现初步构建。

**前瞻布局未来信息技术、生命科学等未来产业。**在"十四五"时期，长沙将持续深耕 22 条产业链，加快构建优势突出、特色鲜明的"1+2+N"先进制造业集群，新增 2～3 个制造千亿级产业集群。在新兴产业方面，长沙将加快发展先进计算、航空（大飞机）配套、功率半导体和集成电路、人工智能、新兴软件和信息通信技术、生物医药和高端医疗设备、新兴装备制造、现代种业等具有较大发展潜力的产业。在优势产业方面，长沙将巩固发展工程机械、先进储能材料、显示功能器件、节能环保及新能源装备、食品烟草等产业。在特色产业方面，长沙将重点培育发展新一代自主安全计算系统、新能源及智能网联汽车、智能终端、新型合金、数控机床等产业。在未来产业方面，长沙将在未来信息技术、生命科学、前沿新材料、氢能及储能等领域抢占产业发展先机和战略制高点。此外，长沙还深入实施"上云用数赋智"行动，大力发展先进计算产业，争创国家数字经济创新发展试验区、国家大数据综合试验区，实现数字经济占生产总值的比重超过 45%；着力增强创新驱动发展动力，全面推进"协同创新四大板块"、国家创新型城市、"科创中国"试点城市的建设。

## 三、南昌

**数字经济成效显著。**2024 年 1—5 月，南昌市规模以上工业增加值同比增长 13.3%，全市 8 条制造业重点产业链中，电子信息、汽车及装备、新能源等产业链发展较快，规模以上工业增加值分别增长 24.2%、23.9%和 18.1%。截至 2023 年年底，南昌市规模以上数字经济核心产业企业达到 607 家，实现营业收入 1899.02 亿元，同比增长 5.9%；全市 VR 及相关企业达 278 家，预计全年营业收入能突破 600 亿元；新增上云企业超过 1.5 万家，实施 500 万元以上技术改造项目 233 个，建成华为（南昌）工业互联网创新中心，以及华勤、龙旗、华兴针织、江铃富山等"5G+"数字化转型智慧工厂，建设省级农业物联网示范基地 25

个，小蓝汽车及零部件产业园入选全国 33 个大中小企业融通创新典型模式优秀案例；建成 5G 基站超 1.95 万个，在全省率先实现乡级行政区 5G 网络全覆盖；国家互联网骨干直联点项目建成并试运行，三大运营商数据中心陆续完工启用；新增省级专精特新中小企业 222 家，数量位居全省第一；拥有国家级重点实验室 5 个、国家级工程技术研究中心 4 个、国家级众创空间 24 个、国家级小微企业创业创新示范基地 6 个，培育潜在独角兽、瞪羚企业 49 家，同比增长 25.6%。

**未来科学城等项目引领带动作用明显。**南昌将在红谷滩区建设未来科学城，包括未来产业科创总部聚集区、未来产业应用场景示范区、未来产业产教融合孵化区、未来产业高端智造先导区和未来产业装备制造引领区五大区域，引领南昌未来产业的发展。未来科学城重点发展数字经济产业和智能制造，推动联东 U 谷·红谷智能制造产业园、三诺智慧终端生产基地、新华三信创产业制造总部基地等项目的落地，并积极布局泛 VR、元宇宙、半导体、人工智能、北斗应用等未来产业。2024 年 5 月，南昌未来科学城举办了江西省电子信息产业招商引资推介会，吸引了 50 余家知名电子信息上下游供应链企业参与，推介会旨在落实"2+N"产业规划，推动电子信息、智能制造等方向的发展。截至 2023 年年底，红谷滩区数字经济核心产业企业总数达 5800 余家。南昌将切实用好世界 VR 产业大会的成果，推进华勤电子千亿产业园建设，加快培育移动智能终端产业集群，加快壮大半导体照明产业集群，推动电子信息产业扩量提质；推动中国商飞江西生产制造中心提档升级，推进南昌飞行器交易中心等项目建设，培育壮大航空物流、航空维修、航空研发等航空服务业；提升新能源汽车产品的竞争力，扩大新能源汽车出口规模，加强新能源汽车在公共领域的推广应用，推动智能网联汽车感知系统、电子集成控制装置等零部件体系的建设；以中国（南昌）中医药科创城江中药谷核心区建设为抓手，推动生物医药产业向价值链中高端转型；推进数字经济核心产业特色化发展，打造优势产业集群，实施 VR+元宇宙生态圈计划，加快创建国家级 VR 制造业创新中心；深入推进 5G 网络等新型基础设施建设，扎实推进"5G+智慧工厂"项目建设，推动主导产业数字化升级和智能化改造。

## 四、郑州

**加快打造国家先进制造业高地**。截至 2023 年年底，郑州地区生产总值达 13617.8 亿元，同比增长 7.4%。"1566"现代化产业体系加快构建，六大主导产业增加值增长 4.6%；国家级工程技术研究中心 6 个，省级工程技术研究中心 950 个；国家级重点实验室 14 个，省级重点实验室 143 个；国家级企业技术中心 24 个，省级企业技术中心 379 个；全年发明专利授权量 8426 件，增长 13.7%；全年共签订技术合同 11032 份，下降 1.0%；技术合同成交金额达 654.8 亿元，增长 28.6%。比亚迪新能源汽车等一大批龙头型项目落地建设，上汽发动机等 220 个项目竣工投产，富泰华 5G 智能手机精密机构件等 548 个重大技术改造项目加快实施。国家工业互联网平台应用中心加快建设，培育省级智能工厂 30 家，新增上云企业超 1 万家。成功创建国家区块链发展先导区，3 个项目获评国家网络安全技术应用试点示范。建设元宇宙产业园，46 家企业签约落地。人工智能、软件和信息技术服务、IT 设备制造等产业加快聚集。2023 年郑州市政府工作报告提到，郑州市的 5G 网络规模居全国第一方阵，国家级互联网骨干直联点总带宽在全国排第九位。

**着力整合优质科创资源**。中原科技城建设提质提速，与省科学院重建重振、与国家技术转移郑州中心加速融合。郑州持续推动北京理工大学郑州智能科技研究院等科研平台和鲲鹏软件小镇、海康威视等项目建设；引进中航建设集团华中总部、京东科技中原总部等高质量项目超过 160 个，落地华为中原区域总部等项目近百个；加快龙湖现代免疫、天健先进生物医学等省实验室建设，稳步推进超短超强激光平台、智能传感器关键技术公共服务平台建设，组建百余家工程技术研究中心和重点实验室，国家级研发平台近 60 个；加快培育创新主体；超聚变数字、致欧家居实现全省独角兽企业零突破；新增高新技术企业超过 1000 家、入库备案国家科技型中小企业超过 8000 家，新增市级科技型企业近 2000 家，总数达到 1.18 万家；研发投入为 310.4 亿元，增长 12.2%，规模以上工业企业的研发活动覆盖率超过 60%；持续聚焦新一代信息技术、高端装备制造、新能源、生物医药等重点领域，2023 年拟组织重大科技创新专项 20 项。

**大力发展特色产业**。在"十四五"时期，郑州围绕新能源汽车、生物、新材料、高端装备制造、节能环保五大特色产业，聚力打造"1号产业"，建设全球重要的智能终端产业基地、国际先进的新型显示产业基地、国家网络安全产业基地、国内领先的智能传感器研发生产基地、国内新兴的集成电路产业基地；紧盯战略性新兴产业演变趋势，以及国家和省的政策导向，按照补短板、扩规模的思路，着力培育壮大新能源、数字创意、新兴服务业 3 个发展潜力大、空间广的新兴产业；前瞻布局未来产业，加强跨周期战略谋划，在氢能与储能、量子信息、类脑智能、未来网络、生命健康科学、前沿新材料等领域超前部署，争创国家未来产业先导示范区。

# 园 区 篇

第十八章

# 中关村国家自主创新示范区

## 第一节　园区概况

　　中关村国家自主创新示范区（简称"中关村"）起源于 20 世纪 80 年代初的"中关村电子一条街"，是国家自主创新示范区、国家级高新技术产业开发区、国家级人才特区，也是京津石高新技术产业带的核心园区，拥有高等院校 92 所及国家（市）科研院所 1000 多家，拥有国家重点实验室 77 个，占全国总量的近 30%；已建、在建和拟建的大科学装置 20 个、国家技术创新中心 7 家、国家工程研究中心 78 家、国家企业技术中心 110 家。中关村以电子信息和生物医药为"双发动机"，形成新一代信息技术、生物健康、智能制造与新材料、生态环境与新能源、现代交通、现代服务业六大新兴产业集群，涌现出金融科技、无人驾驶、智慧物流、新零售等跨界融合新业态。

　　**高精尖产业引领发展。**2022 年，中关村的六大核心技术领域累计创造了 73530.4 亿元的总收益，对区域收入增长的贡献率超过了 94.1%：在电子与信息技术领域，累计收益高达 46196.3 亿元，其新一代信息技术产业的体量占全国的 17%；在人工智能领域，展现出全球领先的综合实力，其大模型的总数占全国的一半以上，并正在推进中关村人工智能大模型集聚区的建设；在集成电路设计领域，收入占比达到全国的 1/6，信息安全领域的市场份额位居全国首位；在生物医药领域，2022 年的总收益为 3134.4 亿元，创新医疗器械和 AI 三类医疗器械的上市产品及数量均处于全国榜首；在先进制造领域，实现总收入 9665.9 亿元，小米"黑灯工厂"，以及三一重工、福田康明斯、亿滋国际 3 家全球"灯塔工厂"成为行业智能工厂标杆，国家级智能制造系统解决方案供应商数量全国第一，智能网联汽车产业竞争力连续两年稳居全国第一；在新能源与节能领域，实现总收入 7604.5 亿元，形成了"制一储一运一加一用"氢能全产业链，集聚了海博思创、宝光智中等一批储能龙头企业。

**原始创新和前沿创新能力快速提升，产业发展呈现高增长与高质量态势。**中关村诞生了全球首个量子并行处理框架 QUDIO、世界首个无须光频异地传输的双场量子密钥分发技术等一系列重大创新成果；制定一系列实施办法支持建立国际领先的新型研发机构，聚焦量子技术、脑科学、人工智能和应用数学等尖端领域；承担国家级科技任务，计划建设 12 个超算中心，部署 46 台全球顶尖的超级计算机；将布局 19 项大型科学基础设施，如凤凰工程和高能同步辐射光源，以及新能源汽车和京津冀技术创新中心等科研平台；推出了超过 100 个 AI 大模型，包括文心一言、悟道、百川等；涌现出国际首个全模拟光电智能计算芯片、全球首款真空噪声量子随机数芯片、新一代量子计算云平台等一批重大创新成果；同时，成功研发新一代处理器龙芯 3A6000、首台国产 12 英寸晶边刻蚀机、数字感知结晶器等关键技术产品，填补了国内市场的空白。

**集成化、专业化、国际化双创服务体系持续升级。**中关村打造覆盖研发创新、项目发掘、孵化转化、检测认证等关键环节的全链条全生命周期双创服务体系，拥有 66 家国家级科技企业孵化器、147 个国家级众创空间、51 家国家技术转移机构、232 家国家级检验检测机构；国际创新合作持续深入，提升全球创新资源配置能力，成为链接全球高端资源的重要节点；在硅谷、伦敦等地设立了 19 个海外联络处，上市公司在境外设立分支机构近千家，聚集 300 多家跨国企业的地区总部和研发中心，近万名外籍从业人员、5 万多名留学归国人员。

# 第二节　重点产业布局

中关村以电子信息和生物医药"双发动机"驱动产业园区发展，聚

焦生命健康、未来智能、未来材料等前瞻性未来产业优先发展。中关村加快发展基因编辑、合成生物学、生物制造、脑科学与类脑研究、干细胞与再生医学、单细胞多组学、生物育种等生命健康产业；大力发展量子信息科学、未来网络、无人技术、脑机接口、6G 技术等未来智能产业；着力推动光电子材料、量子材料、新型超导材料、智能材料、液态金属、纳米纤维素、电子皮肤材料等未来材料产业；积极推动商业航天、新一代空天系统、卫星互联网等未来空天产业和新型低碳洁净能源产业。

## 一、通用人工智能

中关村围绕大模型、通用智能体、科学计算等细分方向发展通用人工智能。目前，中关村正着力推动大模型创新体系发展，支持大模型全流程关键技术攻关，建设人工智能公共算力平台、数据工具和共性技术平台等，加快形成大模型创新生态，在人才服务、孵育体系、资本支撑、产业空间、应用场景、国际合作、行业自治等方面予以支持。截至 2023 年 9 月，中关村科学城已集聚 70 多家 AI 大模型企业和科研机构，形成以中关村、知春路、学院路等区域为核心的人工智能大模型产业集聚区。

一揽子政策支持北京打造通用人工智能产业集聚区。2023 年 6 月，北京市海滨区人民政府发布《关于加快中关村科学城人工智能大模型创新发展的若干措施》，提出抢抓大模型发展。2023 年 9 月，北京市海淀区发布《中关村科学城通用人工智能创新引领发展实施方案（2023—2025 年）》。该方案提出将打造中关村人工智能大模型产业集聚区，包括五道口人工智能产业园等 4 个人工智能特色产业园，计划打造 2300 亿元核心产业规模，集聚 100 家大模型企业机构，以及 60 家国家级专精特新"小巨人"企业，以及新培育 5～10 家独角兽企业。2024 年 4 月，北京市发展改革委发布《北京市关于加快通用人工智能产业引领发展的若干措施》，针对提升智能算力供给、强化产业基础研发、推进数据要素积聚、加快大模型创新应用、打造一流发展环境五大方面共提出十项具体举措。

人工智能产业基础雄厚。中关村人工智能重点企业接近千家，汇聚包括百度、腾讯、字节跳动等深耕人工智能领域的龙头企业。技术水平领先，已有数个落地大模型及应用，智谱华章、百川智能等企业积极研发通用大模型，云知声、华宇软件等垂直大模型已在医疗、法律等场景实现落地，腾讯、中科创达、小冰、大众问问等一批创新企业推出了 AI 大模型赋能智能驾驶。百度、字节跳动、商汤、百川智能、智谱华章已成为首批通过大模型备案的企业。创新载体资源丰富，智源研究院等多家科研机构关注大模型研发。2024 年 4 月，清华大学联合生数科技的中国首个长时长、高一致性、高动态性视频大模型 Vidu 对外发布；智源研究院联合中国电信集团发布全球首个低碳、高性能、低幻觉开源多语言大模型 Tele-FLM。

**配套服务体系建设快速推进。**中关村率先发布全球首个人工智能街区概念，在 53 平方千米城市空间按照"三横、两纵、一带"的格局，规划人工智能街区，全力建设集成通用人工智能技术的城市智能体，率先在五道口和大钟寺两个先导区打造智能体样板间；建设技术创新服务平台，围绕人工智能聚焦全栈国产化人工智能技术体系建设需求，推动百度牵头，联合天数智芯、昆仑芯、摩尔线程、海光等企业组建创新联合体，已形成建设方案；搭建北京人工智能公共算力平台，未来将为企业提供 4000P（P 是算力的量化单位）的算力；落地相关产业基金和科创基金，海淀区设立 50 亿元规模以人工智能为重点的科技成长二期基金，助力通用人工智能产业快速发展；成立中关村人工智能产业联盟，成员包括海淀联合清华大学、北京大学、中国人民大学、信通院、智源研究院、中国中车、百度、腾讯、智谱 AI、百川智能等顶尖高校、科研机构和重点企业，旨在汇聚国内外资源，促进人工智能产业创新发展。

## 二、生命健康

依托中关村生命科学园发展生命健康产业，聚焦"生物+"和"数字+"两大方向：在生物方面，聚焦细胞与基因治疗、新一代抗体药物、新型疫苗、合成生物学等细分领域，打造细胞与基因治疗创新高地；在数字方面，聚焦 AI+赋能医药、AI 新药研发、AI 辅助诊断、AI 医疗服务、类脑智能与脑机接口等细分领域。

**创新策源能力强。**中关村生命科学园聚集了北京生命科学研究所、北京脑科学与类脑研究中心、国家蛋白质科学中心、生物芯片北京国家工程中心等一批国际知名的科研机构，国家工程研究中心和重点实验室

10 个、省部级研发中心 16 个；高端人才资源丰富，园区聚集高端人才 300 余人，其中院士 21 人、长江学者 4 人、国务院特殊津贴获得者 56 人等，入驻院士工作站 7 个、博士后科研工作站 21 个；涌现细胞焦亡抗肿瘤免疫功能重大发现、高精度个性化脑功能剖分技术等一批具有世界影响力的原创成果，百济神州"泽布替尼"、诺诚健华"奥布替尼"等一批中国原创新药，博雅辑因基因编辑药物、数坤科技心血管 AI 诊断软件等一批全球、全国首创产品。

**形成从研发、中试、生产到临床应用的完整产业链。**在研发中试方面，中关村生命科学园以保诺科技、康龙化成为代表的 CRO 企业为生物制药项目提供一体化药物研发、中试生产服务，聚集了诺和诺德、百济神州、诺诚健华、维泰瑞隆、华辉安健、原基华毅、丹序生物、炎明生物等国内外知名创新药企。在生产流通方面，中关村生命科学园吸引了新时代健康集团、扬子江药业、万泰生物、宝日医等国内外重要药品、医疗器械生产流通企业。在临床应用方面，中关村生命科学园布局了北京大学国际医院、北京大学第六医院、昌博国际研究型医院、北京霍普甲状腺医院、北京大学康复医院等超过 3000 个床位的医疗资源，为入园企业创新药和医疗器械研发提供了丰富的临床资源。

**生命健康配套服务体系完善。**中关村生命科学园已建成一批公共服务平台，形成完善创新服务体系，引进新生巢创新中心、飞镖国际创新平台等创新孵化平台；有金融超市、创新投资基金、产业发展基金等金融服务平台；搭建了提供海关通关的中关村绿通北平台；与清华大学合作建设了符合中国 NMPA、美国 FDA、欧盟 EMA 生产质量管理规范的细胞与基因治疗研发与中试平台；提供创新药物产业化加速的国际精准医学加速中心。

## 三、量子信息

中关村软件园积极推动量子信息产业发展，在三大主要细分领域——量子通信、量子测量、量子计算均加以布局，重点在量子物态科学、量子通信、量子计算、量子材料等领域开展基础前沿理论和前沿技术研究。

**锚定全球量子科技创新和产业发展高地。**中关村软件园提升超导量子计算技术研发优势，打造量子云算力集群，致力于掌握量子计算标准制定权和国际话语权；落地北京计算科学研究中心和中国信息协会量子信息分会等关键研究机构与行业组织，上下游配套服务体系基本成形，已形成覆盖基础理论研究到市场应用的特色鲜明的量子全产业链产业集群。2023 年 2 月，启科量子发布中国首台模块化离子阱量子计算工程机"天算 1 号"。同年 3 月，袁之良团队利用光频梳技术研发了开放式架构的双场量子密钥分发系统，成功实现 615 千米的光纤量子通信，提出了长距离量子通信的新方案。

**量子领域龙头企业集聚，配套服务体系完善**。中关村软件园引入启科量子、本源量子、神州信息、国盾量子、国科量子等量子领域领先企业。其中，启科量子是国内首家兼具量子计算、量子通信核心技术储备与产品研发能力的科技创新型企业；本源量子已成功研发搭载 72 位自主超导量子芯片的第三代自主超导量子计算机"本源悟空"。根据量子领域发展的需求，针对高端技术人才招聘的困难、持续性研发资金投入的高成本，以及企业对人才留用的多样化需求等一系列问题，中关村软件园持续提供多要素服务，致力于构建中关村软件园量子领域创新主体间良好的产业生态。

## 四、新能源和新材料

新能源汽车产业链较完善，从动力电池、驱动电机到整车电控等产业链关键环节都有较强的竞争优势，拥有清华大学电力电子与电机系统研究中心、北京理工大学先进技术研究院动力电池与绿色能源研发中心、北大先行科技产业有限公司等科研机构；汇聚了北京现代、北汽新能源、北汽奔驰新能源、北汽越野车、北汽研究院、富电科技等新龙头企业；搭建了新能源汽车产业联盟、北京动力电池联盟等公共服务平台；突破了高功率型和高能量型动力电池材料关键技术、动力电池组系统集成与应用技术、电池全生命周期电子标签和电能计量关键技术。在太阳能光伏高端装备研发制造、风电系统集成、核电技术服务等领域具有一定的优势和禀赋，实现了大型海上风机的核心技术等一系列技术突破。高效节能和大型脱硫环保公司市场份额国内领先。

新材料产业主要依托中关村顺义园、永丰产业基地、北京新材料科技产业基地几个产业园区,重点发展先进金属材料、特种纤维复合材料、航空复合材料、先进高分子材料、新型显示材料、石墨烯等细分领域。石墨烯、超导材料等领域技术水平达到国际"领跑"或"并跑"阶段,稀土功能材料、高性能纤维、高温合金等领域达到国内一流水平。拥有首钢冷轧、钢研高纳、中航复材、安泰科技、中材科技等众多新材料产业内领先企业。

第十九章

# 苏州工业园区

## 第一节　园区概况

　　苏州工业园区以其高度的开放性、卓越的发展质量和效率、旺盛的创新动力、优质的商业环境，成为国内科技园区中的佼佼者。作为中国与新加坡两国政府间的一项关键国际合作项目，苏州工业园区不仅被视为"中国改革开放的重要窗口"，也是"国际合作的成功范例"。截至2024年6月，苏州工业园区已吸引了超过80个国家的5100多家外企落户，其中世界500强企业投资项目达174个。目前，苏州工业园区的产业体系为"2+4+1"："2"指新一代信息技术、高端装备制造，"4"指生物医药及大健康、纳米技术应用及新材料、人工智能及数字产业、新能源及绿色产业，"1"指现代服务业。

　　苏州工业园区加大力度与全球知名高校院所合作共建科研机构，引进大院大所，如中国科学院、中国医学科学院、中国电子科技集团等"国家队"，为持续汇聚高端优势创新资源，把握未来产业发展的"最初一公里"提供了坚实的智力支撑。为让创新企业轻装上阵，苏州工业园区持续推动研发费用加计扣除新政优惠落实落地，降低企业运营成本，切实赋能企业自主创新，同时着力构建多层次的金融体系，为企业做大做强注入资本动能。

## 第二节　重点产业布局

### 一、纳米材料

产业链条逐步完善。2023 年，苏州纳米新材料产业规模近 2300 亿元，集聚相关企业 1300 家，其中，纳米新材料核心产业集聚企业 600 余家，实现规模以上工业产值 955 亿元。苏州工业园区已跻身全球五大纳米产业集聚区之一，位居"2022 年第三代半导体最具竞争力产业园区"榜首，入选中国百强产业集群，多年来集群聚焦纳米电子信息材料、纳米生物医用材料、纳米能源环境材料、纳米功能材料等新材料领域，以及光电子、传感器、微纳制造等应用领域，逐步形成从设备、原材料、制备、工艺、集成到应用的全产业链布局，产业规模及科研能力稳步提升。

创新要素不断集聚。苏州纳米城立足园区产业发展实际，引进服务重大科研机构，促进关键核心技术攻关，目前集聚了苏州实验室、国家第三代半导体技术创新中心等国家级重大机构，MEMS 微纳中试量产平台等公共技术服务平台，中科苏州微电子产业技术研究院等科研院所，截至 2024 年 6 月底，引进院士团队 10 个，培育市级以上人才超 300 人，汇聚了促进技术攻关、产学研合作、平台建设、人才集聚、产业链融通的重要产业创新资源要素。

### 二、光子芯片与光器件

关键核心技术不断突破。在光芯片领域，长光华芯拥有砷化镓 6 寸线，高功率半导体激光芯片市场占有率位居国内第一。在光制造领域，英谷激光、创鑫激光具备行业领先水平，创鑫激光连续两年国内市场份额位列前三。在光通信领域，苏州旭创是全球最大的光通信模块生产商之一，生产的 400G 光模块全球技术领先。

产业载体逐渐壮大。苏州持续培育旭创光电产业园、亨通光电产业园等一批光子产业发展载体，太湖光子科技园、太湖光电产业园已经投入使用，构建国际化光子产业创新生态圈。通过打造光子产业品牌，按照一区多园模式建立"中国（苏州）光子产业园"，苏州旨在统筹协调全市光子产业发展资源，优化光子领域各园区发展定位和特色产业。

**财政支持力度加大。**在财政资金支持方面，苏州市政府已设立专项基金，旨在优先资助未来产业的关键技术研究、创新平台的建立、重点企业的培养以及产业生态系统的发展。同时，苏州还将在土地供应、人才引进、金融支持等方面给予光子产业发展政策倾斜。

## 三、生物医药

**产业集群持续壮大。**园区已吸引超过 2300 家企业入驻，并且连续获得国家发展和改革委员会认定的国家战略性新兴产业集群、工业和信息化部认定的国家先进制造业集群以及科学技术部认定的创新型产业集群等荣誉。园区的整体竞争实力在全国排名中始终位于前列，其产业竞争力更是位居榜首。以国家生物药技术创新中心为例，该中心聚焦核酸药物、细胞治疗、基因治疗、抗体等生物药重点领域，设立专项研发资金，牵头组织实施关键核心技术攻关，目前已梳理并形成了核酸药物、细胞疗法等一批"揭榜挂帅"技术攻关项目，汇聚了一批优势企业和机构，攻关"卡脖子"问题。

**企业合作模式不断凸显。**2023 年 10 月，百图生科与赛诺菲签订了一项创新的战略合作协议，双方将利用百图生科的 AI 技术平台，共同研发先进的人工智能工具，以加速生物治疗药物的发现过程。此次合作预期将带来超过 10 亿美元的交易价值。2024 年，强生公司与中国科学院苏州纳米技术研究所在医疗涂层技术领域的合作已经进入第三个阶段。此外，礼来、丹纳赫等跨国公司也在积极投资本土生物医药创新企业，促进了研发、生产、市场推广和资金等方面的全面合作。

**创新平台不断完善。**国家生物药技术创新中心联合高校、行业组织等开展合作共建，建设核酸药物技术创新平台、细胞与基因治疗研发与转化平台和 ITBT［信息技术（AI）与生物技术（BT）有机融合］创新平台等一批重大公共技术平台，编制公共技术平台网络图谱，精准发力关键核心技术攻关，打造未来产业发展的技术策源地。

第二十章

# 西安高新技术产业开发区

## 第一节　园区概况

西安高新技术产业开发区（简称"西安高新区"）是 1991 年 3 月国务院首批批准成立的国家级高新区之一，2006 年被科技部确定为要建成世界一流科技园区的 6 个试点园区之一，2020 年 6 月，科技部批复同意全国首个"硬科技创新示范区"在西安高新区启动建设，致力于打造一系列关键硬科技，培育一系列硬科技企业。

西安高新区始终秉承"发展高科技，实现产业化"初心使命，走出了一条内陆高新区依托创新驱动实现高质量发展的成功之路；2023 年实现地区生产总值 3332.55 亿元，同比增长 8.1%，经济总量分别占陕西省、西安市的 9.9% 和 27.7%；前沿领域层面，通过加强区内外引培新领域新赛道重点企业，梯次接续培育一批骨干企业、专精特新企业等，打造园区内前沿科技硬实力创新能力。根据 2024 年 3 月的数据，西安高新区内，科技型中小企业超过 5000 家，高新技术企业超过 5000 家，上市企业超 70 家。

## 第二节　重点产业布局

### 一、智能制造

2023 年 11 月，西安高新区工业和信息化局组织申报智能制造系统解决方案"揭榜挂帅"项目，面向重点行业领域智能工厂和智慧供应链建设需求，聚焦 21 个智能制造系统解决方案攻关方向，遴选一批重点项目、发掘一批重点企业，突破一批关键核心技术，实现先进制造领域工艺、装备、软件、网络的深度融合，全面提升智能制造的先进化、体系化、标准化能力；打造世界一流输变电装备智能制造基地，总投资达 100 亿元，主要建设智能操动机构、精密机械加工、高压开关智能装配、先进避雷器、先进电容器、高端套管、智能互感器、先进光电缆等产业以及相关配套设施，项目整体预计将于 2025 年建成投用。

## 二、生物医药

西安高新区以打造西部创新医药研发基地为发展定位，聚焦具有创新技术研发能力的工程技术中心，打造专业的生物医药服务体系。近年来，西安高新区生物医药产业正进入收获与成长并行的关键期，产业链条逐步完善，中试配套能力逐步提升，综合水平不断提高，集聚发展效应初步形成。西安获硕贝肯生物科技有限公司、西安新通药物研究股份有限公司、西安依朵生物科技有限公司等多家企业实现技术突破，西安高新区生物医药研发聚集基地、草堂科技产业园科创基地、瞪羚谷等集聚区持续发展。

## 三、硬科技

2023 年 12 月，西安高新区发布《2023 西安高新区硬科技创新人才白皮书》和《2023 西安高新区硬科技产业急需紧缺人才目录》，聚焦光电子信息、汽车、智能制造、生物医药、新能源新材料、软件和信息技术服务等主要 6 个硬科技产业，最终确定急需紧缺岗位 291 个，涵盖产业领军、技术研发、专业技能 3 类人才，为下一步有针对性地在人才奖励支持、创新创业支撑、发展环境优化方面加大支持力度，更好地推动人才链、产业链、创新链、资金链的深度融合提供借鉴。

第二十一章

# 杭州高新技术产业开发区

## 第一节 园区概况

杭州高新技术产业开发区（简称"杭州高新区"）位于杭州市滨江区，始建于 1990 年，1991 年被国务院批准为国家级高新区。区域总规划面积为 85.64 平方千米，其中江北区块 11.4 平方千米，是高新技术的创新源和中小科技企业的孵化器；江南区块 73 平方千米，是杭州未来的城市副中心和科技城。

近年来，杭州高新区致力于建设世界一流的高科技园区，形成了强大的创新创业号召力和磁场。截至 2024 年上半年，杭州高新区地区生产总值增长 5.8%，规模以上工业增加值增长 7.5%；技术交易额和新产品产值总量均居杭州市第一，引进 35 周岁以下大学生 2.6 万人，在册企业突破 10 万家，其中上市公司 73 家。截至 2023 年，杭州高新区新获批省级创新联合体 2 家、市级以上研发载体 145 家，省级研发载体累计 638 家、居全省第一；拨付产学研专项资金超 9 亿元，全社会 R&D 经费投入与地区生产总值的比重保持在 10%左右、居全省第一；新增发明专利授权量 7699 件，每万人口有效发明专利拥有量超 700 件，每万人口高价值发明专利拥有量超 390 件，均保持全省第一。

在产业布局方面，杭州高新区重点发展了数字经济、新一代信息技术、生命健康、智能制造和新材料等产业，旨在构建具有国际影响力的高新技术产业集群。杭州高新区政策精准有力，制（修）订人工智能、生物医药、集成电路、智能制造、专精特新等专项政策。截至 2023 年年底，杭州高新区新认定国家级专精特新"小巨人"企业 21 家、省"隐形冠军"4 家、省"专精特新"中小企业 310 家；新增科技领军企业 5 家、科技"小巨人"企业 13 家，均居全省第一；新认定国高企 515 家，有效国高企达 2601 家；新增省级以上孵化器 10 家，居全省第一；新认定瞪羚企业 264 家；新设企业 2.07 万家，增长 23.5%，数量列全市第一。杭州还计划到 2025 年，使高新技术产业增加值达到 3000 亿元以上，占工业增加值的比重达到 70% 以上。

## 第二节　重点产业布局

### 一、新一代信息技术

杭州高新区在新一代信息技术领域深耕。杭州高新区培育出了海康威视、新华三、大华等领军企业，形成了具有明显技术优势的产业集群；区内企业大立科技成功研制出红外热像仪的关键零部件，在疫情防控中发挥了重要作用，展示了高新区在新一代信息技术领域的创新能力；通过科技创新和体制创新的双轮驱动，围绕产业链部署创新链，打造了以新一代信息技术为支撑的数字经济全产业链体系，推动了产业的高质量发展。

### 二、生命健康

杭州高新区（滨江）正加速推进数字经济和生命健康产业的深度融合，重点发展智慧健康、高端医疗器械、创新药三大领域。杭州高新区发布了相关政策，旨在打造千亿级生命健康产业集群，并力争到 2025 年营业收入突破 1000 亿元。政策支持涵盖企业发展的各个阶段，包括初创期、发展期和成熟期，提供房租补贴、研发费用补贴、临床费用补贴等。此外，杭州高新区还计划引进和培育上市龙头企业 10 家，打造具有国际竞争力的生命健康科创高地。

## 三、智能制造

杭州高新区在智能制造领域展现出强大的实力和潜力。杭州高新区集聚了一批智能制造企业，形成了以智能制造为核心的产业集群，并取得了显著成就。例如，德施曼通过智能化改造提高了生产效率，实现了产品包装配件的精准管理；通过推动技术创新和产业升级，促进了制造业的高质量发展；区内企业还在智能制造领域高新区通过实施"链长制"服务，为企业提供精准服务，推动了产业链和创新链的深度融合。

## 四、新材料

在关键材料领域，杭州高新区已形成显著技术优势，并逐步完善产业链。杭州高新区的新材料已赋能高端装备制造、电子信息、生物医药等多个领域，为区内企业提供了强有力的材料支持和技术保障，促进了相关产业的创新发展。杭州在材料特色产业集群方面表现突出，如光纤光缆、纤维、有机硅等产业集群效应明显，区域影响力不断增强。例如，富阳区的光通信是传统支柱产业，萧山区的化纤纺织领域产值规模超过1000 亿元。杭州新材料产业的主攻方向包括功能膜材料、高性能金属材料、先进半导体材料、生物材料以及微纳材料。

第二十二章

# 合肥高新技术产业开发区

## 第一节　园区概况

　　合肥高新技术产业开发区（简称"合肥高新区"）是 1991 年经国务院批准的首批国家级高新技术产业开发区，区域面积为 179 平方千米，是合肥综合性国家科学中心的核心区、国家自主创新示范区、中国（安徽）自贸试验区合肥片区核心区、首批国家双创示范基地、科大硅谷核心区，是创新型国家建设的战略支点和合肥建设"大湖名城 创新高地"的主要载体。截至 2022 年，合肥高新区实现生产总值 1313.9 亿元，规模以上工业总产值 2115 亿元，规模以上战略性新兴产业产值 1548 亿元，实现线上服务业营收 551 亿元，为全市经济高质量发展提供坚实支撑。

　　**产业体系完善**。合肥高新区已形成智能家电、汽车及配套、新一代信息技术、光伏新能源、应急、生物医药、节能环保等高新技术产业集群，获批建设国家应急产业示范基地，智能语音、集成电路、生物医药集聚发展基地等省级以上新兴产业基地。合肥高新区高新技术企业众多，培育了以科大讯飞、科大国盾、四创电子、华米科技、阳光电源、安科生物等为代表的具有自主知识产权、国内外领先的高科技企业，引进了格力电器、美的电器、惠而浦（中国）、大陆轮胎、长安汽车、晶澳、美国 3M、日本 NSK、新华三、国华光电等龙头企业，形成了智能语音、电子信息、智能制造、公共安全、新能源、生物医药等高端产业集群，建有集成电路（芯之城）、智能语音（中国声谷）、生物医药 3 个省级战略性新兴产业基地。截至 2024 年 4 月，合肥高新区内各类企业总数已超过 2 万家，其中高新技术企业 600 余家，高成长企业 1391 家，上市公司 39 家。合肥高新区内新增国家级孵化器 4 家，总数达 32 家，各类研发机构达 151 家，科研力量较为雄厚。

**创新资源丰富**。高新区将创建国家级高新区作为推动高质量发展的重要抓手，加快数字产业园二期、芯视界二期等创新载体建设，搭建专业技术研发与中试的公共服务平台，深化科技成果转化。在合肥综合性国家科学中心的七大创新平台中，超导核聚变中心、国家量子信息实验室、天地一体化信息网络合肥中心、分布式智慧能源集成创新中心、离子医学中心五大平台先后入驻，同时拥有中国科学技术大学先进技术研究院、中国科学院合肥技术创新工程院、中德智能制造国际创新园等新型协同创新平台和国字号开放平台。重点实验室方面，合肥高新区建成省级以上重点（工程）实验室共 22 家、省级以上技术（工程）研究中心 109 家；万人拥有发明专利超过 600 件，专利申请授权数连续位居全省第一；省战略性新兴产业领军人才超过 120 人，获批科技部"创新人才培养示范基地"。

**战略定位明确**。作为合肥综合性国家科学中心的核心区，合肥高新区承担着"参与全球竞争，创新引领未来"的战略使命，抢抓新一轮科技革命和产业变革的机遇，按照"4+4+N"的战略构架，聚焦信息、能源、健康、环境 4 个领域，参与和推动核心层、中间层、外围层、联动层 4 个层级建设，着力打造具有国际影响力的产业创新中心和集科技、产业、人文、山水于一体的现代科技新城。2024 年 2 月，合肥高新区发布《建设世界领先科技园区政策体系》，计划年投入资金超 25 亿元，通过"一体三翼 N 核驱动"，围绕科技创新、提质增效、资源保障、市场需求、发展环境五大核心领域为一体，协同人才、金融、开放三大要素为"三翼"，围绕空天信息、集成电路、生物医药等 N 个战略性新兴产业和未来产业，打造原始创新策源地，奋力建设世界领先科技园区。

# 第二节　重点产业布局

## 一、新一代信息技术

合肥高新区围绕一流园区政策体系，结合新一代信息技术产业的发展基础，重点突出人工智能、信息安全等重点领域的招商引资。合肥高新区应瞄准各产业链的薄弱、缺失环节，补齐并延伸新一代信息技术产业链条，进一步凸显园区新一代信息技术产业集群在全省范围内的引领、辐射、带动作用。

### （一）人工智能

合肥高新区已形成了从基础研究、技术研发、平台支撑到产业发展与应用的智能语音及 AI 全产业链，但是在对大企业、龙头企业招引方面稍显不足。合肥高新区在人工智能产业链的各个环节均有企业布局，总体呈现产业多向发展的趋势。但是，在技术研究层面存在算法研发企业严重缺乏、单点带动、与外界融合度不高等问题，技术优势难以维持；在应用层面缺乏龙头企业带动，稍显后劲不足。

合肥高新区加大人工智能产业链各环节企业培育，科大讯飞、商汤科技、海康威视和神州泰岳、协创数据、方正智家和咪鼠科技等企业逐步集聚，下一步，合肥高新区将加大对研发类，以及技术层、应用层行业内知名企业的招商力度，紧盯京津冀地区、长三角地区等人工智能产业发达地区，在基础层数据计算领域重点引进网易云、阿里云，在技术层算法领域重点引进出门问问、云从科技等语音识别企业，中科奥森、格灵深瞳等计算机视觉企业，标贝科技等人机交互企业，在技术层人工智能平台领域重点引进阿里城市大脑、百度开放平台，在应用层重点引进思岚科技、四维图斯等企业。

### （二）信息安全

2024 年年初，合肥高新区信息安全领域的企业有 150 家左右，实现从基础组件、操作系统到安全集成服务和网络安全产品应用的全产业链覆盖其中，上游分为硬件设备和软件设备。硬件设备包括基础元器件、芯片、内存等，软件设备包括操作系统、数据库、中间件等，代表企业为合肥兆芯电子。中游就是安全集成服务提供商，包括信息安全硬件设备提供商、信息安全服务提供商和信息安全软件产品提供商，代表企业有中新网安、国盾量子、思科和新华三。下游包括传统互联网、工业控制系统、云计算、物联网、车联网、智能家居和移动支付，代表企业有华耀电子和中科美络。

下一步，合肥高新区将围绕补齐产业链短板，加强对信息安全基础组件企业的引进力度；加快对接京津冀、长三角、川渝等地区的信息安全企业，推动龙芯、飞腾、合肥兆芯电子、申威等国产 CPU 厂商的招引，引入中标软件、普华软件、南大通用、达梦、东方通，构筑安全可控的基础组件环境；对接引进天融信、绿盟科技、卫士通、安恒信息等信息安全龙头企业，在园区建设信息安全先进技术研发基地；招引安博通、亿赛通、炼石网络、安华金和等"网络安全+新兴领域"融合应用的企业，推动跨行业、跨领域企业的协作，打造网络安全应用示范区。

## 二、生命健康

合肥高新区深耕精准医疗领域，紧抓国家健康医疗大数据中部中心、省生物医药与高端医疗器械基金发展基地、市健康医疗小镇的建设契机，聚焦生物医药、健康医疗大数据、健康设备、健康服务四大方向，大力引进生物医药、精准医疗、智慧医疗、高端医疗器械、强磁场、旅游康养等领域的国内外龙头企业，引培健康医疗领域高端人才，打造具有国内一流水平的健康医疗创新发展基地。目前，合肥高新区生命健康产业的多项核心技术达到或处于国际领先水平，生物医药基础研究和产业创新转化平台体系正在逐渐形成。截至 2022 年年底，合肥高新区已集聚生物医药企业 400 余家，累计转化科技成果 540 余项。

### （一）生物医药

合肥高新区已基本形成"原材料药供应—研发创新—生产制造—外包服务—商业流通—检测医疗"较为完整的产业链，聚集了立方制药、安科生物、兆科药业等龙头企业，以及离子医学中心、大基因中心、合肥干细胞与再生医学研究院等创新平台。2024 年 2 月，高新区内两家重点生物医药企业——合肥美亚光电技术股份有限公司和合肥星眸生物科技有限公司，分别在医疗器械和基因治疗领域取得重大突破。截至 5 月，园区生物医药产业内共培育包括安科生物、欧普康视、中科离子装备等企业共计 700 家，已初步形成原材料药供应—研发创新—生产制造—外包服务—商业流通—精准医疗等较为完整的产业链。其中，上游包括大宗原料药（维生素、抗生素等）、特色原料药（他汀类、普利类、沙坦类）和中药材（当归、三七、金银花等），代表企业有安徽贝克生物制药等。中游包括化学药（心脑血管用药、抗病毒药、抗肿瘤药等）、生物药（疫苗、激素、血液制品和重组蛋白等）和中药（中草药材、中药饮片、中成药），代表企业有安科生物、诺瑞特制药和兆科药业（合肥）。下游包括零售、批发和医疗服务 3 个板块，代表企业有国立医药和慈铭体检。

　　下一步，合肥高新区将针对生物医药产业链的薄弱环节和关键环节加大招引力度，建立医药招商项目专家咨询制度和重大医药产业招商项目跟踪制度，瞄准行业领军企业，面向西班牙金武制药、以色列梯瓦、加拿大威朗制药等外资企业，以及海正药业（浙江台州）、先声药业（江苏南京）等国内企业开展医药招商，引进一批国内外大型现代医药企业，打造现代化生物医药全产业链；注重以商引商，依托安科生物、同路生物、立方制药、贝克药业、先锋制药、济人药业、华威药业、美欣制药等现有医药企业，加大对其合作伙伴、供应商等上下游企业的招引，形成集聚效应；扩大园区知名度，增强对国内外生物医药企业的吸引力，逐步实现通过知名品牌效应吸引投资的招商路径。同时，合肥高新区将加强与肥东循环经济园的合作，完善生物医药产业链的全环节。

### （二）健康医疗大数据

　　合肥高新区近年来依托新一代信息技术的发展优势，推动生物技术与信息技术融合发展，已初步形成以大基因中心、瀚博瑞强、华云数据、国新健康等为代表的健康医疗大数据产业集群。合肥高新区的健康医疗大数据产业链分为上游、中游和下游 3 个部分。其中，上游包括诊断数据、健康数据、生物数据和诊疗数据等数据资源。中游包括数据采集与

转换、数据组织与管理、数据分析与发现、数据交易等数据处理内容。下游包括医疗机构、政府、保险公司、药企、个人等数据应用方面的内容。

下一步，合肥高新区将依托国家健康医疗大数据中部中心的建设，瞄准重点领域，集中招引一批具有一定规模、成长前景好的健康医疗大数据企业，培育经济发展新动力。在医疗影像领域，合肥高新区依托科大讯飞、美亚光电等企业的基础优势，通过采取以商招商、精准招商等举措，重点对接引进深圳智影医疗、杭州辛顿科技等企业，强化对 CT、磁共振成像、超声、数字减影血管造影和数字 X 线成像等技术的研发，同时积极鼓励园区企业加强与安徽医科大学附属医院、中国科学技术大学附属第一医院等本土医疗机构的应用合作。在健康数据领域，合肥高新区依托浪潮、晶奇网络等企业，结合国家健康医疗大数据中部中心的建设，建立区域健康数据库；招引北京易康云、广州中康资讯、深圳天琴医疗等企业，结合智慧高新建设，引导人工智能与健康数据相结合，建立完善健康软件系统、健康电子档案、AI 远程医学咨询体系等。在研发平台领域，合肥高新区依托中国科学技术大学先进技术研究院、广州生物院等平台的技术优势，加强与中国科学技术大学、中国科学院大学、中国科学院、中国医学科学院等的对接，引进 GLP（良好实验室规范）实验室、新药临床前评价中心、生物细胞银行等重点项目，弥补产业链薄弱环节，打破生物评价关键共性技术及平台缺乏的局面，培育健康医疗产业高端人才，全面提升区域生物医药技术研发及产业化水平。

## 三、空天信息

2023 年，合肥高新区将空天信息产业纳入"未来科学城"空间规划，计划建设空天信息产业专业化标准厂房，加速制造项目招引与科技成果转化。2024 年 5 月，安徽雷图科技有限公司等企业签约入驻合肥高新区中科卫星空天信息产业基地，标志着合成孔径雷达即将在合肥高新区实现量产。截至 6 月，合肥高新区内已汇聚空天信息产业链企业 120 余家，海天丝路商业天基数据中继星座、中科星光总部基地、星图维天信气象生态全国民用总部等一批重点项目先后签约落地，产业覆盖遥感载荷研制、卫星遥感数据处理、卫星通信终端研制、卫星导航终端研制、无人机等领域，"空天系"产业生态初步打造完成。

## 四、智能制造

合肥高新区在智能制造产业发展上已有一定的基础，其中，感知层的主要内容为感知技术，包括传感器、射频识别技术（RFID）和机器视觉等收集生产数据类内容，代表企业为玺力电子科技。网络层的主要内容为通信手段，包括云计算、大数据/监控和数据采集（SCADA）、工业互联网技术和智能芯片等上传、分析数据类内容，代表企业为英特电力。执行层的主要内容为智能装备，主要包括机器人、智能机床、自动化设备和 3D 打印等生产数据自动化内容，代表企业有瑞硕科技和 Ruhoamat。应用层的主要内容为解决方案，包括自动化生产线和智能工厂等定制生产内容，代表企业为 CSG 和航大智能科技。

下一步，合肥高新区将抢抓工业机器人新兴技术发展和应用爆发式增长的重大机遇，充分发挥自身创新发展高地的机制优势，面向市场需求，着力布局工业机器人集聚发展体系建设，力争成为长三角工业机器人核心示范区和全国重要的工业机器人产业集聚发展基地。在传感器方面，合肥高新区加强区内相关企业、科研院所与机器人系统集成、本体制造企业的深度合作，提升智能传感器设计制造、封装集成、数据融合及可靠性领域的技术水平；同时引进海内外知名企业，快速实现产线建设和技术转移，接洽引入英飞凌、意法半导体、纳微电子、科陆电子等企业，弥补相关企业在惯性、压力、温湿度、气体传感器等方面的不足。在工业机器人本体方面，合肥高新区重点招引瑞士的 ABB、德国的 KUKA（库卡）、日本的 FANUC（发那科）和 YASKAWA（安川电机）工业机器人"四大家族"，日本的 NACHI（那智不二越）、KAWASAKI（川崎机器人），瑞士的 STAUBLI（史陶比尔），意大利的 COMAU（柯马机器人）和国内的唐山松下、沈阳新松、南京埃斯顿、上海沃迪等设立子公司，尝试接洽德国汉诺威莱布尼兹大学机器人研究所，探索双方在协作机器人研发领域的合作。在应用层方面，合肥高新区争取美的旗下库卡在高新区设立子公司，专注发展家电行业工业机器人。合肥高新区依托区内光伏产业基地及周边巨大的光伏市场，尝试与国际巨头公司（如安川、发那科、库卡、史陶比尔等）进行战略合作，吸引国内知名

企业（如汇川科技、哈博实、广州数控等）在高新区设立子公司，培育本地光伏机器人企业。

## 五、光伏新能源

合肥高新区的光伏新能源产业链分为上游、中游和下游 3 个部分。其中，上游包括晶体硅材料和硅棒、硅锭、硅片。中游主要包括光伏电池和光伏组件两个部分。下游主要包括光伏系统应用产品。合肥高新区拥有电池、组件、逆变器、系统应用领域的光伏企业 36 家，在产业链各个环节分别形成了相当程度的集聚，基本实现全产业链覆盖。

下一步，合肥高新区将依托通威太阳能（电池片）、晶澳太阳能（组件）、阳光电源（逆变器）等龙头企业，强基补链，打造垂直一体化光伏新能源产业链，构建良好的光伏新能源产业生态。在招商引资方面，合肥高新区聚焦光伏电池片、组件、光伏生产设备等光伏产业细分领域，重点瞄向江浙地区加大产业链招商力度，坚持引进和培育并举，做大做强龙头企业。在高端电池组件方面，合肥高新区针对光伏建筑一体化产品的发展趋势以及柔性化应用的需求，重点引进、消化、吸收高效薄膜电池、铜铟镓硒（CIGS）薄膜太阳能电池等技术和相关生产企业。在光伏生产设备方面，合肥高新区重点引进、研发高效晶体硅电池生产设备、薄膜电池生产设备及光伏电池检验检测设备等。

# 展望篇

第二十三章

# 主要研究机构的预测性观点综述

## 第一节　未来产业整体发展趋势展望

### 一、地方政策体系将进一步落地落实

2023 年开启中国未来产业培育的加速键，地方政府密集出台相关政策，纷纷加快布局未来产业。在未来产业总体政策方面，北京出台《北京市促进未来产业创新发展实施方案》，面向六大领域 20 个方向，打造未来产业策源高地。浙江出台《关于培育发展未来产业的指导意见》，提出优先发展未来网络等 9 个创新基础良好、成长较快的未来产业；培育发展量子信息等 6 个力量尚在集聚、远期潜力巨大的未来产业。江苏出台《江苏省人民政府关于加快培育发展未来产业的指导意见》，提出将重点发展未来网络、通用智能、前沿新材料等 10 个成长型未来产业，一批前沿领域实现从无到有，初步培育形成"10+X"未来产业体系。在未来产业细分赛道专项政策方面，地方政府围绕元宇宙、通用人工智能等领域同步开展系统布局。例如元宇宙领域，《江苏省元宇宙产业发展行动计划（2024—2026 年）》《上海市"元宇宙"关键技术攻关行动方案（2023—2025 年）》和《郑州市元宇宙产业发展实施方案（2023—2025 年）》等政策文件加速出台；通用人工智能领域，《广东省人民政府关于加快建设通用人工智能产业创新引领地的实施意见》和《安徽省通用人工智能创新发展三年行动计划（2023—2025 年）》等政策文件相继发布。

接下来，有两大趋势值得关注：一是地方未来产业政策的覆盖广度将进一步扩大。据不完全统计，截至 2023 年 11 月，31 个省级行政区（台湾、香港、澳门除外）中，北京、上海、江苏、浙江、江西等省市发布 30 余个未来产业政策，其中 8 个文件于 2023 年集中发布。2024 年，一方面尚未出台未来产业政策文件的省级政府将加快谋划布局政策措施；另一方面已出台相关政策文件的省（自治区、直辖市），将按照上级文件的要求结合自身情况加快出台操作层面的未来产业政策文件。二是围绕量子信息、元宇宙、通用人工智能等重点未来产业细分领域，地方政府将在贯彻落实相关部门文件基础上，出台更细化的专项方案。

## 二、关键领域技术创新将进一步提速发展

2023 年，国家层面聚焦未来产业关键技术、细分赛道，构筑产业竞争新优势，取得新成果。一是国家层面采取"揭榜挂帅"的方式全面激发未来产业创新潜力。同年 8 月，工业和信息化部印发《关于组织开展 2023 年未来产业创新任务揭榜挂帅工作的通知》，指出在充分借鉴地方经验基础上，主要面向未来制造、未来信息两大前沿领域，聚焦元宇宙、人形机器人、脑机接口、通用人工智能四大重点方向，系统布局实施核心基础、重点产品、公共支撑、典型应用等共计 52 项具体任务，科学引导先行先试，全面推进技术创新研发，加快培育未来产业新业态和新模式。二是部分前沿领域实现创新成果新突破。量子信息领域，中国科学技术大学研究团队设计了时空解复用的光子探测新方法，构建了高保真度的准光子数可分辨探测器，提升了光子操纵水平和量子计算复杂度。6G 领域，由鹏城实验室牵头打造的科技基础设施——面向 6G 空天地全场景宽带无线通信环境科学设施（简称"鹏城鸿雁"）一期正式上线。

国家和地方将围绕未来产业重点赛道和方向，加快形成未来产业培育的创新模式。国家层面，一是强化"揭榜挂帅"任务的科学合理评估，及时发布未来产业创新任务"揭榜挂帅"（第一批）入围揭榜单位。二是将建立健全未来产业创新任务"揭榜挂帅"分批次、分领域协同推进机制，同步研究加快布局量子信息等前沿领域"揭榜挂帅"的相关工作，引导地方结合自身产业基础和资源禀赋，推动特色领域先行先试、率先

发展。地方层面，将围绕"揭榜挂帅"等任务，出台一系列配套激励政策，打造面向未来产业细分领域的政策组合拳，积极推动关键领域技术实现新的突破。

## 三、标准和知识产权体系建设、安全治理能力将进一步提升

2023 年，在推动未来产业标准化与治理方面，中国在量子信息、元宇宙和生成式人工智能等领域取得了重要进展。在标准体系建设方面，工业和信息化部联合科学技术部、国家能源局、国家标准化管理委员会印发《新产业标准化领航工程实施方案（2023—2035 年）》。工业和信息化部发布的《量子保密通信网络架构》（YD/T 4301-2023）、《量子密钥分发（QKD）网络 网络管理技术要求 第 1 部分：网络管理系统（NMS）功能》（YD/T 4302.1-2023）和《基于 IPSec 协议的量子保密通信应用设备技术规范》（YD/T 4303-2023）落地实施。全国量子计算与测量标准化技术委员会发布《量子计算术语和定义》，规范了量子计算通用基础、硬件、软件及应用方面相关的术语和定义；为推动元宇宙标准化建设，工业和信息化部发布《工业和信息化部元宇宙标准化工作组筹建方案（征求意见稿）》。在知识产权方面，2023 年 9 月，国家知识产权局发布《关键数字技术专利分类体系（2023）》，面向国家重大需求，瞄准新兴数字产业和前沿技术领域，重点选取人工智能、高端芯片、量子信息、物联网、区块链、工业互联网和元宇宙 7 类关键数字技术，明确技术边界并划分技术分支，构建技术分支与国际专利分类的参照关系，对关键数字技术专利发展状况进行宏观统计监测。在安全治理方面，2023 年 7 月，国家网信办联合国家发展改革委、教育部、科学技术部、工业和信息化部、公安部、国家广播电视总局公布《生成式人工智能服务管理暂行办法》，促进生成式人工智能健康发展，防范生成式人工智能服务风险。

展望 2024 年，针对未来产业相关重点领域，统筹发展和安全已成共识。一方面，国家相关部委联合地方，将进一步加快政策安全治理工作。鼓励支持国内企业、高校、科研院所参与未来产业国际标准制定，支持行业龙头企业牵头建立细分领域未来产业技术和产业联盟，推进国

际标准化活动及标准研制，推广中国优势技术标准，提高中国在未来产业关键领域中的规则制定能力和知识产权保护能力。另一方面，企业积极推进行业标准制定，加快未来产业细分领域知识产权布局。针对未来产业基础共性、行业通用等标准规范，加快在重点领域成立行业标准组织、产业联盟，积极主导和参与重要标准制定。

## 第二节　部分重点行业发展趋势展望

### 一、通用人工智能

**多模态模型加速发展，或将成为人工智能产业标配。**微软的研究员撰写的综述预测，多模态基础模型将从专用走向通用，未来将有更多的研究关注如何利用大模型处理多模态任务。目前，国内大多数大模型仅支持文本输入输出这一单一模态，与人类利用视觉、嗅觉、听觉等多感官获取信息，通过语言、表情、动作等多方式表达信息相比具有明显不足。未来，随着技术的日臻成熟，大模型创新将从支持单模态单任务逐渐发展为将文本、图像、音视频等集于一体的多模态多任务，竞争重点将从参数量的提升转向多模态信息整合和深度挖掘能力的提升。

**大模型赋能千行百业，勾画产业"第二增长曲线"。**当前，以大模型为代表的人工智能技术赋能千行百业，成为驱动产业转型升级"第二增长曲线"的新支点。中国大模型已在众多行业落地应用，赋能效果明显。例如：汽车行业成为大模型技术最大的交互应用场景之一。各大车企加快人工智能技术在智能座舱、智能驾驶、智能制造等方面的落地应用，为汽车行业带来深刻变革。如人工智能大模型可以辅助自动驾驶算法的训练和优化，亦可以作为"控制者"直接驾驶车辆。生物医药领域应用大模型大幅提升研发效率。大模型帮助加快新药临床前发现和临床试验等环节，药物设计和病情发现是生物医药领域的重要环节，传统手段耗时长、成本高，大模型技术在生物制造领域应用可提高药物研发效率和成功率，助力发现新疗法。人工智能显著提升集成电路设计制造领域生产力。芯片设计制造具有极高的专业性和复杂性，人工智能驱动的集成电路设计制造技术由大模型自动为工程师提供技术洞察，改进未来芯片设计生产方式，减轻工程师负担，缩短芯片研发周期，促进芯片领域生产力提升。尽管如此，中国人工智能多数应用仍处于"小规模试点"阶段，相距发达国家仍有不小差距，未来，随着人工智能技术的不断成熟，落地应用将向"深水区"持续迈进，发展空间广阔。

具身智能融合感知、决策和行动，开启智能系统新范式。具身智能是一种智能系统设计理念，其目标是通过将感知、决策和行动融合在一起，使机器能够像人类一样具备身体和运动能力。具身智能的核心理念是利用机器的身体结构和动作能力来增强其智能表现和解决复杂任务的能力。传统的人工智能系统主要关注于数据处理和算法的优化，而具身智能则更加注重机器与环境的互动和交流。目前，具身智能已经成为国际学术前沿研究方向，包括美国国家科学基金会在内的机构都在推动具身智能的发展。谷歌公司的 RT-X 具身大模型已经能够将机器人和对话模型结合到一起，形成一个更大的闭环。加州大学伯克利分校的 LM Nav 用 3 个大模型教会了机器人在不看地图的情况下按照语言指令到达目的地。基于形态的具身智能研究，例如机器人关节控制，使机器人完全依靠自身形态即可实现对整体行为的控制。未来，具身智能有望在机器人、自动驾驶、智能家居等领域实现重大突破和广泛应用。

## 二、量子计算

中国量子计算产业正迎来快速发展的新阶段。中国在量子计算领域取得的进展令人瞩目，特别是在超导量子计算和光量子计算等关键技术路线上，中国科研机构和企业已经取得了一系列具有国际影响力的成果。随着量子计算产业化进程的推进，预计量子计算将在金融、医疗、材料科学等领域发挥重要作用，带来颠覆性创新。同时，量子计算云平台的成熟将降低技术门槛和成本，使得更多行业能够利用量子计算的能力，推动应用范围和影响力的扩大。此外，中国在量子计算领域的投资规模和水平也在不断提升，尽管与美国相比还有提升空间，但中国正在迅速崛起，成为全球量子计算领域的重要力量。展望未来，量子计算产业的快速发展将为中国经济的转型升级提供强大的技术支撑，促进新旧动能转换，推动经济高质量发展。

## 三、6G

全球已进入 6G 关键技术研发与技术体系形成的重要时期，未来 3～5 年是突破关键技术、抢占标准高地、培育产业的关键窗口期。2023 年，ITU 定义了 6G 的 6 个典型场景和 15 个性能指标，通信、感知、计算、AI、安全等多维能力要素融合一体，空天地一体泛在连接，成为 6G 的核心技术特征。根据国际标准化组织初步明确的 6G 发展时间表，2025 年左右将启动标准化研究，计划在 2030 年左右实现商用，2024 年是 6G 技术国际标准化的关键之年。6G 将全面构筑万物智联的新一代信息网络基础设施，积极研发 6G 网络，掌握 6G 关键核心技术，这是建设数字中国、实现数字经济高质量发展的战略需要。构建安全可信的 6G 架构体系是发展新质生产力的重要战略支撑，发展新质生产力要求更加注重空天地泛在网络化的连接，形成 6G 核心技术自主可控的能力，使 6G 创新链成为全国打造新质生产力的重要引擎。产学研用各界将不断在 ITU、3GPP 等国际组织中，围绕 6G 需求输送高质量的中国解决方案，最大范围凝聚 6G 标准共识。ICT 企业、科研院所、行业组织，将开展 6G 技术、标准、安全、新业态等方面的民间合作，为全球 6G 标准达成贡献力量。中国将继续发挥在移动通信整机产品系统集成与运营等方面的优势，实现国内国际双循环相互促进。

## 四、人形机器人

**大模型赋能人形机器人，使之成为具身智能关键载体**。具身智能意味着智能系统或机器具备与环境（物理世界）实时互动的能力，通过感知和交互实现。大模型赋能人形机器人正是具身智能当前的落点，以 ChatGPT 为代表的语言大模型能够模拟近似人类的自然语言交流，而多模态大模型则能让人形机器人通过"视觉"与环境进行交互。这些大模型赋予了人形机器人一个通识大脑，从而能够顺畅地和外界对话，还可以增加任务理解、拆分和逻辑推理等"决策"能力。OpenAI 在 2023 年 10 月正式上线 GPT-4V（ision）版本，在 GPT-4 的基础上增加了语音与图像处理功能。用户可以直接通过语音与 GPT-4V 进行交互，并且

GPT-4V 能够对图像进行推理和分析。根据微软团队对 GPT-4V 的详细评测，具有多模态输入的 GPT-4V 在面对动态环境时可以很好地与环境交互，具备作为具身机器人的理解核心的潜力。

**人形机器人产业化加速**。在政策大力扶持、龙头企业积极扩产的情况下，人形机器人迈入量产元年。预计 2030 年人形机器人需求量约为 177 万台，全球市场空间有望达 1600 亿元左右，2023—2030 年年复合增长率达 25%。中国在人形机器人市场占据先发优势，不仅拥有规模大、门类齐全、配套完备的产业链体系，同时也是人形机器人最大的潜在市场之一，中国新一代年轻人在技术革新中不断受益，更愿意接受和拥抱前沿技术，这在无形中减小了人形机器人商业化的阻力，并加速了其迭代优化进程，为形成强大的顶端优势创造了条件。

**人形机器人有望在制造业场景率先实现商业化探索**。人形机器人应用落地主要取决于机器人的工作准确率和工作效率。未来人形机器人应用场景将由 ToB 走向 ToC，第一步先面向环境相对单纯、风险可控，并且成本和收益容易衡量和对比的工业制造场景，人形机器人将取代工人从事重复性工作，比传统工业机器人更加通用和有柔性。例如，Agility 公司人形机器人 Digit 已用于亚马逊工厂，帮助亚马逊仓库员工拾取和移动空手提箱等重复性工作。此外，特斯拉 Optimus、智元"远征 A1"、1X"NEO"等机器人也均提出应用规划，未来将优先应用于工厂制造，如从事移动搬运、零部件装配等工作，计划逐步走进家庭，提供清洁整理、老人陪伴等服务。长远来看，人形机器人应用场景丰富，包括家庭保姆、医疗手术、教育娱乐、灾难救援、国防军用、太空探索等。

## 五、生物制造

全球生物制造产业正处于关键技术突破和产业化加速的重要时期，未来 3～5 年是掌握核心技术、构建产业生态、抢占市场先机的关键窗口期。2023 年，《"十四五"生物经济发展规划》的实施进入深化阶段，生物制造作为重点发展方向，在医药、化工、材料、能源等领域的应用不断拓展。根据国家发展规划，到 2025 年中国生物制造产业规模将突破万亿元，2024 年是实现这一目标的关键之年。生物制造将全面推动传统制造业向绿色、智能、高效方向转型，与人工智能、大数据、物联网等新一代信息技术深度融合，共同构建新质生产力的重要支撑。积极发展生物制造，掌握合成生物学、代谢工程等关键核心技术，是建设创新型国家、实现高质量发展的战略需要。中国将继续发挥在生物发酵、基因工程、生物材料等方面的优势，加快推进生物制造在医药、化工、材料等领域的应用。接下来，预计将在以下方面取得重要进展：合成生物学平台建设加速，高通量 DNA 合成与测序、基因组编辑等关键技术取得突破；工业菌种改造和代谢工程技术进一步提升，实现更多高附加值化学品和材料的生物合成；生物制造与人工智能深度融合，智能化生物反应器、自动化生物制造工厂等新型基础设施建设加快；生物制造在医药领域的应用深化，新型抗体药物、基因治疗产品、生物疫苗等高端生物药品的生产工艺不断优化；生物基材料在包装、纺织、建筑等领域的应用范围扩大，推动传统产业绿色转型；生物制造产业链协同创新机制不断完善，产业集群效应增强，区域创新高地加快形成。

## 六、商业航天

**商业航天市场规模有望持续扩展。**近年来，中国商业航天政策环境持续优化，各部门和地方均加快商业航天产业的顶层设计和实践探索，相关企业稳步提升关键核心技术创新、商业航天发射服务能力，在政策法规、技术升级、行业应用、资本支持等多重驱动下，中国商业航天产业发展迅速，未来市场潜力有望得到进一步激发。据中国航天工业质量协会统计数据显示，2015—2020 年，中国商业航天市场规模由 3764 亿元增至 10202 亿元，年复合增长率达 22.09%，2021 年中国商业航天市场规模约为 12447 亿元，市场保持稳定增长态势。同时结合业界相关机构预测数据，2023—2028 年中国商业航天产业将迎来黄金发展期，火箭制造及发射、地面设备制造和卫星运营及服务等产业链各环节将迎来新的创新机遇，一批新技术新业态得到深入应用，产业发展进一步提质增效，预计 2025 年市场规模将达 2.8 万亿元，2030 年中国市场规模达到 10 万亿元，成为中国经济增长的重要力量。

**应用场景创新和商业模式将是下一步重点"破局"难题。**根据行业调研，部分专家认为商业航天场景创新是制约其商业应用的一个重要因素。相比于传统地面通信，卫星通信投入成本仍然较高，且应用场景较

为单一，主要用于应急通信、抢险救灾等特定垂直行业用户，普通公众个人业务应用场景创新需要进行更深入的市场调研与挖掘，大规模商业化场景普及相比陆地移动服务还要一段时间。此外，鉴于全球 6G 部分应用场景尚未完全成熟，作为 6G 网络架构重要环节的卫星互联网等，其个人商用场景创新需要长期持续探索，相比于传统航天服务主要基于特定行业及政府部门的模式，在场景验证、市场扩展、营收模式方面需进一步加快创新进度，加快商业航天服务的普及和应用，加快培育商业航天新的经济增长点。

## 七、低空经济

低空经济在推动高端制造业和现代服务业发展、传统产业转型升级、区域经济发展和提升应急保障能力等方面意义重大，为国民经济高质量发展提供强劲新动能。当前，中国对低空经济重视程度不断提升，国家有关部门和地方政府密集出台未来产业相关的政策措施，推动低空基础设施和低空服务保障体系不断完善，基本形成央企引领、民企协同的产业发展格局，民用无人机稳居全球第一方阵，农林植保、电力巡检等传统通航作业保持稳步增长，快递物流、旅游、医疗救护、测绘、影视航拍等新业态加快拓展。展望未来几年，低空经济产业将有望实现产业能级跃升，孕育万亿级蓝海市场。一是国家相关部门和地方政府将持续提升对低空经济产业的政策支持力度，进一步落实操作层面政策文件和法律法规，促进低空经济产业繁荣发展。二是无人化、电动化成为低空经济主导技术方向，随着电动垂直起降飞行器（eVTOL）等关键核心技术产业化进程不断加快，预计将进一步打开城市低空经济市场，催生城市空中交通（UAM）新业态，孕育巨大增长潜力。三是低空经济将继续拓展旅游观光、应急救援、物流等更多的应用场景，带动相关产业融合发展，加快构建低空经济融合发展新生态。四是低空经济将是中国加快创新型城市建设，持续推进京津冀、长江经济带、粤港澳大湾区和长三角一体化发展的新引擎。

# 后　记

　　《2023—2024 年中国未来产业发展蓝皮书》由中国电子信息产业发展研究院编撰完成，以期为国家和地方各级政府、相关企业及研究人员把握未来产业的发展脉络、研判未来产业的前沿趋势提供参考。

　　本书由乔标副院长担任主编，由蒲松涛统稿。全书分为综合篇、政策篇、热点篇、通用人工智能篇、量子计算篇、6G 篇、人形机器人篇、生物制造篇、商业航天篇、低空经济篇、区域篇、园区篇和展望篇共 13 篇 23 章。

　　参与本书撰写的正式人员包括李艺铭、钟新龙、孙美玉、周钰哲、滕学强、王聪聪、彭璐、李雨凌、高旖蔚、窦婉茹、渠延增、樊炳辰、杨雷、胡靖阳。

　　在编写本书过程中，编写团队得到了相关领导和行业协会专家的大力支持和指导，在此一并表示诚挚的感谢。

　　本书虽然经过研究人员和专家的严谨考证和不懈努力，但由于编写人员学识有限，仍难以完全避免疏漏和不足之处，敬请广大读者和专家批评、指正。同时，希望本书的出版能为探索中国未来产业发展的创新模式和具体路径提供有效支撑。

中国电子信息产业发展研究院